藏在课本里的知识

|人手一本经典读本|

意林

藏在课本里的万物小历史

金陵小岱 著

山东人民出版社·济南
国家一级出版社 全国百佳图书出版单位

图书在版编目（CIP）数据

藏在课本里的万物小历史 / 金陵小岱著. — 济南 ：山东人民出版社, 2023.7（2024.1重印）
ISBN 978-7-209-14543-5

Ⅰ. ①藏… Ⅱ. ①金… Ⅲ. ①中华文化－青少年读物 Ⅳ. ①K203-49

中国国家版本馆CIP数据核字(2023)第111857号

藏在课本里的万物小历史
CANG ZAI KEBEN LI DE WANWU XIAO LISHI
金陵小岱　著

主管单位　山东出版传媒股份有限公司
出版发行　山东人民出版社
出 版 人　胡长青
社　　址　济南市市中区舜耕路517号
邮　　编　250003
电　　话　总编室（0531）82098914
　　　　　市场部（0531）82098027
网　　址　http://www.sd-book.com.cn
印　　装　天津中印联印务有限公司
经　　销　新华书店

规　　格　16开（166mm×230mm）
印　　张　15
字　　数　160千字
版　　次　2023年7月第1版
印　　次　2024年1月第2次
ISBN　978-7-209-14543-5
定　　价　42.00元

目录

第一辑
动物世界

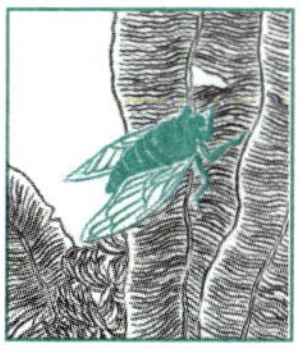

第二辑

植物之美

第三辑

自然永恒

第四辑
衣食住行

第五辑
奇巧发明

第一辑

动物世界

鹤：冲向云霄的孤勇者

秋词（其一）

唐·刘禹锡

自古逢秋悲寂寥，我言秋日胜春朝。

晴空一鹤排云上，便引诗情到碧霄。

真题面对面

【2022年湖南永州中考题】

“晴空一鹤排云上”中的“排”字历来为人们所称道，请你说说它的妙处。

考点直通车

古代大多数文人墨客每到秋天都会感到悲伤，看到落叶会伤感，秋风一吹也会难过得流泪，接着写下一堆悲秋的诗词……对此，诗人刘禹锡认为：“我觉得秋天比万物萌生的春天还好呢！用不着悲伤！”态度鲜明，且充满自信，但谁能想到，在写下这首诗的时候，刘禹锡正遭遇人生的重大挫折。

那一年是唐永贞元年（805 年），顺宗即位后重用王叔文以改革朝政，刘禹锡也参加了这场革新运动。不幸的是，这场革新运动遭到了宦官、藩镇等势力的强烈反对，以失败告终。顺宗被迫退位，王叔文被赐死，刘禹锡受到牵连被贬官。当时刘禹锡年仅三十四岁，本是春风得意的时候，结果却被赶出了朝廷。按理说，刘禹锡应该是最有资格悲秋的人吧？但是他没有。

刘禹锡充满自信，内心强大，宁愿被贬，也坚决不人云亦云。在诗的后两句，他勾勒了一幅壮美的秋日晴空景象，选用了凌云的鹤这一意象，并且说自己的诗情与鹤一同遨游到了云霄。整首诗充满乐观情怀，昂扬的斗志呼之欲出。而这鹤的形象，何尝不是诗人的化身？虽孤独，但不失青云之志。

万物知识点

鸟类中的超级模特

说起鹤来，古人都直接称它为仙鹤。鹤的品种有白鹤、灰鹤、丹顶鹤、赤颈鹤、黑颈鹤、白头鹤等。鹤就是鸟类中的超模，它们身材高大，体形修长，一般群居在河湖、海边的湿地中。它们的日常饮食也与现代的超模很像，几乎都是“轻食”，它们只吃一些湖海里的鱼虫以及湖海边的植物茎叶或果实。

古人最喜欢的鹤是丹顶鹤，因为它的头颈、尾羽发黑，而身体的大部分羽毛为纯白色，行走与飞起的姿势十分优雅，就像在跳舞。与大多数的舞者一样，丹顶鹤还有着纤长的脖子，因此它器官的共鸣腔也很长，其鸣叫声响亮而又高亢，能传播数千米。《诗经》中有一篇《鹤鸣》特意描述道：“鹤鸣于九皋（gāo），声闻于野……鹤鸣于九皋，声闻于天。”整个云霄都回响着鹤的鸣叫声，难怪宋人赞美道：“众禽中唯鹤标致高逸。”

除了颜值高、身姿优雅外，鹤与别的“红颜薄命”的鸟类不同，它可以活到五六十岁，而古人若是活到了五六十岁，就已算高寿了，所以鹤还象征着长寿与纯洁。

爱我孤身冲云霄，爱我不跪的模样

正因为鹤的生活习性以及清丽的鸣叫声，还有它那纯洁的外表，古代的文人雅士在诗文中将鹤塑造成隐士、君子等形象，并且赋予它讲情义、诚实守信、清高孤傲等品性。据《庄子·天运》载，老子曾经对孔子说：“夫鹤（另一称鹄）不日浴而白，乌不日黔而黑。”在此，老子将鹤比喻为君子，将乌鸦比喻为小人。而在《后汉书·杨震列传》中，杨赐向灵帝上奏：“惟陛下慎经典之诫，图变复之道，斥远佞巧之臣，速征鹤鸣之士。”杨赐建议灵帝远离奸臣，多征集一些“鹤鸣之士”来朝廷共同治理国家。很显然，这里的“鹤鸣之士”指的是高士、贤德君子。《抱朴子》载：“周穆王南征，一军尽化，君子

“鹤”在中国传统理念中为隐士的代表

为猿为鹤，小人为虫为沙。”葛洪认为，君子死后就会化为猿、鹤。

从这时起，鹤的君子、隐士、高士形象就在古人的心中树立起来了，于是文人雅士“造作”起来，就会拉上鹤。唐代诗人郑遨最先引领了养鹤风潮，他性格耿介，不太合群，科举考试考了数次都没考上，他就想带着妻子和儿女隐逸到深山老林中。郑遨的妻子不肯跟他去，郑遨就带着一把琴和一只仙鹤去了少室山，后来迁居到了华阴，每天读书、写文、种地。再后来，后唐明宗召他去当左拾遗，他都懒得去，后唐明宗只好给他赐号“逍遥先生”。

也有走浮夸风的。据载，东晋王恭也是一位胸怀大志、刚直不阿的君子，他也爱仙鹤，但他并没有养一只仙鹤带在身边，而是选择穿着一件鹤毛大氅在雪地里走路。孟旭见到他后，就对他进行了“商业吹捧”：“哦！您真是一个神仙！”

也难怪，仙鹤这么可爱，这么清高孤傲，谁能拒绝仙鹤的魅力呢？

卫懿公爱鹤，爱到灭国

仙鹤如此美丽，世人皆爱之。然而在历史上，有个人爱鹤，爱到丧心病狂，这个人就是春秋时期卫国的第十八任国君卫懿公。一开始卫懿公只是对鹤痴迷，并没有出什么幺蛾子，但有句话叫“上有所好，下必甚焉”。为了讨好这位“爱鹤国君”，那些想为自己谋取私利的官吏便开始千方百计地驱使百姓们捉捕仙鹤。

如此一来，卫懿公的宫殿里到处都是仙鹤。眼见宫中的仙鹤越来越多，卫懿公竟也没有叫停。宫苑不够用了，他就开始疯狂扩建，而用于扩建的钱当然是靠搜刮民脂民膏而来的，这使得老百姓苦不堪言。接下来，丧心病狂的一幕出现了。卫懿公不知道哪根脑神经坏了，居然按品质、体姿将仙鹤分为不同官阶，竟还给予它们相应的俸禄。当卫懿公出去游玩的时候，这些仙鹤也要分班侍从，按照官阶排班，并且坐在华丽的车中。

高分句子铺

孤云将野鹤，岂向人间住。——唐代诗人刘长卿《送方外上人》

绝顶人来少，高松鹤不群。——唐代诗人贾岛《宿山寺》

这些成百上千且莫名其妙的官，还有自己的侍从、宅邸、俸禄、车乘……凡此种种，都需要金钱的支撑，但国库已经快被卫懿公折腾空了，于是他又把手伸向百姓，强征百姓的财物。至于百姓的生存、国家的发展，他压根不管。

渐渐地，卫懿公好鹤荒政、卫国人心离散的消息传到了北狄。北狄王正愁手下数万骑兵无猎可狩，于是率二万骑兵突袭卫国。消息传来后，卫懿公被吓个半死，他赶紧下令征兵，但百姓早就看不惯卫懿公了，于是大声叫嚷："让大王派那些仙鹤去打仗好了，它们都能享受大夫的俸禄，而我们连饭都吃不饱，哪里有力气去打仗！"此话一出，众人都觉得有道理，皆对征兵的号令不理不睬。卫懿公只好到处抓壮丁，发兵器，强行将人送到前线。卫国军队人心涣散，缺乏训练，结果很快就被狄军打败。

提分素材馆

"梅妻鹤子"林逋

梅妻鹤子，指宋代隐士林逋（bū）以鹤为子、以梅为妻，比喻清高或隐居，亦喻指妻子儿女。林逋的"孤山鹤"是宋代鹤隐逸意象的代表。沈括曾在《梦溪笔谈·人事二》中提到林逋的鹤："林逋隐居杭州孤山，常畜两鹤，纵之则飞入云霄，盘旋久之，复入笼中。逋常泛小艇，游西湖诸寺。有客至逋所居，则一童子出应门，延客坐，为开笼纵鹤。良久，逋必棹小船而归，盖尝以鹤飞为验也。"这种宁静致远、超凡脱俗的生活，简直就是古代文人的梦想。

猿：谁说我叫就是因为伤心

早发白帝城

唐 · 李白

朝辞白帝彩云间，千里江陵一日还。

两岸猿声啼不住，轻舟已过万重山。

真题面对面

【2014年高考全国Ⅰ卷题】

李白《蜀道难》中“__________，__________”两句写山势高险，即便是善飞的黄鹤、轻捷的猿猴都很难越过。

考点直通车

唐肃宗乾元二年（759年）的春天，也就是安史之乱时期，李白因永王李璘案而受到牵连，被流放夜郎（治今贵州桐梓北）。当他走到白帝城（在今重庆奉节东白帝山上）的时候，忽然听到了朝廷大赦的消息，李白开心得恨不得跳起来，随即放舟下江陵。这种类似于“劫后重生”的意外惊喜，让李白的心情一下子放松起来。当听到两岸的猿声时，他只觉得猿在啼叫而已，丝毫没有影响他的愉悦心情。

然而在别的诗人笔下，猿的叫声总是有些凄惨，如宋代《巴东三峡歌》：“巴东三峡巫峡长，猿鸣三声泪沾裳。”又如梁元帝萧绎《折杨柳》：“寒夜猿声彻，游子泪沾裳。”如果猿看到这些诗，并且会说人话，它肯定要怒吼一声：“谁说我叫就是因为伤心？”

万物知识点

猿：不好意思，我真的没有那么多伤心事

诗中的“猿”，其实指的是长臂猿。长臂猿的外形与同属灵长目的猴科动物很像，古人常常把它们并称为“猿猴”。其实不用细看也能区分开来，它们最大的区别就是猴子的尾巴特别长，而猿的尾巴退化了，在外形上与人类更相似。

长臂猿最大的特点当然是前肢很长，它们站起来的时候，两手下垂，指尖几乎可以碰到地面。正因为拥有如此长臂，它们在森林中生活，可以充分发挥长臂的优势，就算是天上正在飞的鸟，也能一把抓住。当它们在树上待腻了，也会下地活动。它们若是想直立起来，双膝必须弯曲，再将前肢张开或高举在头上，用来保持平衡。

一般这时候，猿就很快乐，它们就想“啾——啾——啾”地叫上几声。猿之所以这么爱叫，是因为它们拥有无比发达的声带，还长着特殊的喉囊，它们叫起来，即使在很远的地方也能听到。不同种类的猿，其叫声差别很大，有的尖锐如电钻打墙，有的是沉闷的低音炮，也有的似高亢的男女高音，当然也有慢性子般的喃喃低语……不过，猿也不是乱叫，它们的吼叫往往都是为了聊天，通过调整叫声的频率给同伴传达信息。有趣的是，猿有时还与“家人们”组合起来叫，通常由几只成年的猿相互配合，发出结构复杂、频率多变的叫声，听起来像是一个大合唱。正因如此，猿的啼叫声与其他动物相比要特别一些，于是古人对猿的叫声就分外留意。

或许，李白是猿真正的知音

猿的叫声最早引起了屈原的注意，屈原在《楚辞·九歌·山鬼》中写道：“雷填填兮雨冥冥，猿啾啾兮狖（yòu）夜鸣。”三峡这个地方，客来客往，而古代交通工具又不发达，只要是与家人、朋友分别，人们就难免感伤。当文人雅士路过此处，想着分离的伤感，再听

高分句子铺

巴东三峡巫峡长，猿鸣三声泪沾裳。——北魏地理学家、散文家郦道元《水经注·江水》

黄鹤之飞尚不得过，猿猱欲度愁攀缘。——唐代诗人李白《蜀道难》

到猿的叫声，更是增添了凄凉之感。而在这里谋生的渔民，也有许多人背井离乡，或是生活中发生了变故，他们在渔歌互答的时候，也难免会抒发愁绪。在这些情景下，猿的叫声高亢而又委婉，像是给这种场景增加了音乐特效一样，于是猿的叫声基调就被古代文人定了下来。

或许李白是猿真正的知音，你看他获得了朝廷大赦，心情无比畅快，感觉此时的猿声听起来就无比快乐。如果猿能说话，它一定会告诉我们人类："不好意思，我真的没有那么多伤心事，你们别再编排我啦！"

古人曾将猿当宠物养，多名文人上演"人猿情未了"

在古代，猿不只是生活在深山老林中，古人曾经掀起过持续很长一段时间的"养猿风"。是的，你没看错，古人的宠物里居然还有猿！《淮南子》卷十六《说山训》里曾经提到"楚王亡其猿而林木为之残"：楚王的猿逃走后，楚王为了找到这只猿，竟然直接把山林毁了。楚王如此暴躁，大概是因为当时的猿在北方还属于进贡的珍稀物种，这么一个"吉祥物"居然跑了，楚王估计气疯了。

当然，猿不可能只被养在深宫，后来文人雅士间也兴起了养猿的风气。这些文人雅士养的猿，个个堪称"猿精"，智商与情商，时时在线。

先从唐代宰相李勉说起。据王谠（dǎng）《唐语林》卷六记载，

与“沐猴而冠”的猴子不同，古人认为猿更清高孤傲，并以猿比喻君子

李勉不仅擅长弹琴，还会制作琴，其中他收藏的两把琴“响泉”与“韵磬”堪称绝品。他还有一个很有名的儿子叫李约，为兵部外郎，为人谦逊，一点都没有官家公子哥的恶习。李约养了一只猿，取名为“山公”。山公常与他相随。或许是因为李勉擅长弹琴，这只猿经过艺术的熏陶后，也懂得了音律。李约在月夜独自泛江，登山击铁鼓琴时，山公必定会在一旁用它的啼叫声来伴奏。

李约家的山公与主人可谓“志趣相投”，当然也有“心灵相通”

的，也是发生在唐代的事。据《开元天宝遗事·山猿报时》记载，当时商山（在今陕西商洛）中的一位隐士叫高太素，由于仕途不顺，高太素决定不干了，就跑到山中建了道院。他起居在清心亭下，周围的环境非常幽静，不乏奇花异卉。这时候，神奇的事情发生了，每过一个时辰，就会有一只猿跑到他的庭前，向他鞠一个躬，然后啼叫几声。高太素发现这个规律后，还给它们起了一个名字，叫“报时猿”。

唐末，文学家王仁裕也养了一只猿，起名为“野宾”。这只猿很聪明，也很顽皮，不太好驯养。王仁裕在养了一段时间后，就将它放回山中，还给它写了一首《放猿》说再见：“放尔丁宁复故林，旧来行处好追寻。月明巫峡堪怜静，路隔巴山莫厌深。栖宿免劳青嶂梦，跻攀应惬碧白云心。三秋果熟松梢健，任抱高枝彻晓吟。”原以为放野宾归山后，从此人猿两分离，但王仁裕万万没想到，若干年后，他与野宾居然重逢了。野宾虽然不听他的话，但是从来没有忘记过这个主人，它来到王仁裕面前，一直啼叫，那声音仿若要断肠。王仁裕却对野宾有种想要亲近又难以靠近的感觉，于是怀着复杂的心情又作了一首《遇放猿再作》：“嶓冢祠边汉水滨，此猿连臂下嶙峋。渐来子细窥行客，认得依稀是野宾。月宿纵劳羁绁（xiè）梦，松餐非复稻粱身。数声肠断和云叫，识是前年旧主人。”字里行间都流露着人与猿之间深厚的感情。

难怪古代文人总会在志怪小说里将猿塑造成通人性的形象，或许他们的灵感也来源于生活吧。

提分素材馆

猿的别称“巴儿”的由来

古代养猿的王公贵族以及士大夫有很多，毕竟他们认为猿可通人性，但能把一只宠物猿养成“名猿”的，还真不多，此处必须请出段公路。段公路是唐代学者，史料文献上有关他的生平事迹介绍得并不多，但他写了一套很有名的书，叫《北户录》，专记岭南异物奇事。其中有一篇《绯猿》，讲述了他与自己的宠物猿“巴儿”的故事，情节十分动人，以至于“巴儿”常常在后世文人的文学作品中反复出现。

他们相识在唐代咸通十年（869 年），那天段公路在前往高凉（位于今广东阳江）的路上，经过青山镇，发现那里的山中有很多猿。这些猿的品种不同，有的毛色是黑色的，有的毛色是黄色的，也有的毛色是深红色的……段公路不禁感慨：“这真是一群奇兽啊！”这些猿非常喜欢啼叫，其中毛色为黑色的猿最能叫，只要它叫上几声，其他的猿就跟疯了一样跟着叫，那场面相当沸腾。只不过，就算是在非常兴奋的状态下，它们的叫声听起来也十分凄凉。

从题目《绯猿》可以看出，段公路选择了一只毛色是深红色的猿来驯养，并且给它取名为“巴儿”。在驯养了一段时间后，段公路就将巴儿从潘洲（治今广东茂名）带回去。在路上，巴儿听见了昔日山上的猿啼声，非常难受，于是不吃不喝，没多久就死了。段公路感慨巴儿虽为动物，但通人性，感念旧情，内心怀有仁德，于是就用几位名人特制的棺材厚葬了巴儿，以此与它告别。

这个故事听起来令人有些唏嘘，后世文人也通过巴儿的故事在文学作品中将猿塑造成仁厚、讲义气的形象。后来，“巴儿”也成了猿的别称。

乌龟：论“龟设”的立起与坍塌

龟虽寿

东汉·曹操

神龟虽寿，犹有竟时；
腾蛇乘雾，终为土灰。
老骥伏枥，志在千里；
烈士暮年，壮心不已。
盈缩之期，不但在天；
养怡之福，可得永年。
幸甚至哉，歌以咏志。

真题面对面

【2019年山东青岛中考题】

开头四句以“神龟”和“腾蛇”为喻，主要想说明什么道理？

考点直通车

这首《龟虽寿》是《步出夏门行》组诗中的第四首，写于207年年末到208年年初这段时间。这时候，曹操已经五十三岁了，在古代平均寿命不是很高的情况下，他已经算是一位老人了。曹操回想起自己的大半生，平定乌桓叛乱、消灭袁绍及其残余势力，即将南下征讨荆、吴。一时间，曹操感慨，就写下了这首诗。

在诗中，一代枭雄曹操将自己比为一匹年迈的千里马，虽年老体衰，屈居枥下，但他的心中仍然充满无限的豪情壮志，他积极进取的人生态度贯穿全诗。这首诗读来慷慨激昂，诗人真挚而强烈的内心力量令人为之一振，而诗歌开头的那句“神龟虽寿，犹有竟时”也给人以无尽的遐想。龟，这种自古以来就象征着长寿的动物，它究竟能活多少年？

万物知识点

古人为什么会说“万年龟”

乌龟是现存极为古老的一种爬行动物，它的身上有着非常坚固的甲壳，每当受到袭击的时候，乌龟就会把头、尾和四肢缩回龟壳内。它的龟壳之所以能像铠甲一样坚固，主要是因为龟壳中含有大量的钙质，也是因为这身坚硬的铠甲，乌龟可以独来独往。古代的野生龟非常多。

早在三千多年前，古人还会用龟壳书写文字，也就是我们熟悉的甲骨文。从已经出土的甲骨来看，古时乌龟的形体要比我们想象的大很多。想必这些乌龟也是长到了一定的年岁，如此之大的龟壳在经历了三千多年的历史沧桑后，依然能保持大部分完整。

中国有一句俗语里提到了“万年龟”，那么乌龟真的如古人所说，能活一万年吗？经现代科学家研究，乌龟当然没有一万年这么长的寿命，但几百年的寿命还是有的，这寿命与人类相比，都可以称为“长生不老”了。至于乌龟的寿命为何这么长，一是它的防御能力强；二是它的新陈代谢速度极为缓慢，而细胞更新的代数又高，所以即使是活了几百年的乌龟，它的肌体依然没有衰退，于是就能保持健康的状态。

成都还有一个别名，叫“龟化城”

长寿是所有人的梦想，尤其是在远古社会，先民们发现乌龟不仅长寿，它的“龟生态度”也很可取：“能忍则忍，但一直努力适应环境。”无论是饱腹，还是饿肚子，乌龟都能维持自己的生命体征，长时间不吃东西也行。此外，它水陆皆可，想爬就爬，想游就游，丝毫不受身体条件的限制。当遇到危险的时候，乌龟没有攻击的欲望，直接将头尾缩进龟壳里，它暗暗地告诫对方：“你能奈我何？”

这让古代先民非常羡慕。渐渐地，他们对乌龟居然产生了一些崇拜，而乌龟也成了他们的偶像之一。《礼记·礼运》记载：“麟、凤、龟、龙，谓之四灵。”在这远古四灵中，只有乌龟是真实存在的，于是古人就把一些“神灵祥瑞”往乌龟身上搬，使不少灵异传奇都与乌龟有关。

就连打仗的时候，乌龟也能起作用。《华阳国志·蜀志》记载：“秦惠王十二年，张仪、司马错破蜀克之，仪因筑城，城终颓坏，后有一大龟从硎（xíng）而出，周行旋走，乃依龟行所，筑之乃成。”这乌龟居然可以传达神灵的意思，帮助秦国筑城，所以现在的成都还有一个别名，叫“龟化城”。

此外，不少文人对乌龟也进行了毫不吝啬的赞美。司马迁赞它：

乌龟的长寿“龟设”深入人心，“龟崇拜”盛行

“寿蔽天地，莫之其极。”王充在《论衡·状留》中说：“龟生三百岁大如钱，游于莲叶之上。三千岁青边缘，巨尺二寸。”南朝的文学家任昉在《述异记》里讲得更加灵异：“龟一千年生毛，寿五千岁谓之神龟，寿万年曰灵龟。”可见，乌龟长寿的形象算是彻底立住了！

乌龟有“财神”的“龟设”

乌龟因为有着长寿的“龟设”，在历史的长河中逍遥了数千年。先民们对乌龟充满羡慕与崇拜，甚至开始挖掘乌龟别的优点。古人自然想长寿，但如果能在长寿的基础上，还有钱，日子过得宽裕点，那是再好不过了。是的，他们给乌龟又立了一个“财神”的“龟设”。

这事扯上了司马迁的《史记·龟策列传》，他在文中提到了八大名龟：一名“北斗龟”，二名“南辰龟”，三名“五星龟”，四名“八风龟”，五名“二十八宿龟”，六名“日月龟”，七名“九州龟”，八

高分句子铺

谁怜龟鹤千年语，空负鹏鹍（kūn）万里心。——南宋政治家、文学家文天祥《隆兴府》

隔竹引龟心有想，按图索骥术难灵。——元代文学家袁桷（jué）《示从子瑛》

乌龟比兔子更能多讲些道路的情况。——黎巴嫩诗人、作家纪伯伦《沙与沫》

名“玉龟”。当时的人们觉得，如果能得到一只名龟，那就等于得了一个“财神”在家，家中必定会大富大贵。也难怪古人会这么想，其实早在先秦时期，乌龟的龟甲刻石就可以作为货币使用，而宝石玳瑁（dàimào），也是用玳瑁龟的甲壳制成的，它早就背上了“财神”的“龟设”。

论“龟设”的坍塌

除此之外，古代人在发动战争之前，会用龟甲来占卜。古代的帝王们很擅长扯出这样的一套逻辑：乌龟是神灵的使者，故用乌龟的甲壳占卜的结果就是神灵的意愿。若卦象是大吉，那么帝王们出征就是得到了上天的旨意与助力。如此一来，乌龟彻底走上了神坛。从两汉时期到唐宋时期，人们越来越崇拜乌龟，朝廷甚至把乌龟和自己家的祖先放到一起供奉，还铸造了象征着神权与皇权的龟鼎，就连印玺都用了龟纽。

在武则天时期，乌龟的形象被推到了巅峰，武则天对乌龟算是爱得炽热。原本在唐代，朝廷规定三品以上官员佩金鱼袋，五品以上官员佩银鱼袋。武则天称帝后，下令三品以上官员佩金龟袋，四品官员佩银龟袋，五品官员佩铜龟袋。不仅如此，唐代的兵符原本是铜鱼符，武则天将其改为龟符。

有些官员发现了武则天的这个喜好，于是想走捷径，“奇葩”的是有好几个走捷径的官员都得到了“非正常升职”。这个现象让朝廷中一些正直的官员觉得很无耻，李商隐干脆写诗讽刺：“无端嫁得金龟婿，辜负香衾事早朝。”是的，“金龟婿”这个词就是这样来的。

盛极而衰，月满则亏。当乌龟的形象被捧到巅峰时，越来越多的人关注它，于是它的缺点也渐渐地暴露出来。大文学家韩愈就曾公开表示了对乌龟的鄙夷，他认为乌龟非常胆小：“乌龟怯奸，怕寒缩颈，以壳自遮。”宋代的郭印亦曾在《咏龟》中写道：“不食本无营，畏人长缩颈。”到了元代，乌龟彻底失去了朝廷这座大靠山，它的“龟设”坍塌，从神坛跌落到了市井。若是乌龟会说话，它必定要大吼一句：“前几朝的帝王啊，你们这是捧杀啊！”

提分素材馆

绿毛龟

早在南宋时期，有一个人名叫孙纬。在秦桧生日那天，他为秦桧写了一首祝寿诗。这首祝寿诗的内容非常感人：“面脸丹如朱顶鹤，髭髯长似绿毛龟。欲知相府生辰日，此是人间祭灶时。”想必你们也注意到了，孙纬居然说秦桧的胡子长得像绿毛龟，按我们现代人的理解，这不是在生日当天骂人嘛！

然而，秦桧非但没有生气，反而还非常开心。这倒不是秦桧的度量大，而是因为在元代以前，无论是达官显贵，还是平民百姓，他们对乌龟都充满好感，甚至有点敬畏、尊崇。当听到别人夸他的胡子像绿毛龟后，秦桧理所当然地认为对方在祝福他长寿，且像乌龟一样平安吉祥。

蝉：我还有多少惊喜是你不知道的？

蝉

唐·虞世南

垂緌饮清露，流响出疏桐。
居高声自远，非是藉秋风。

真题面对面

【2021年湖北随州中考二模试题】

虞世南的《蝉》和法布尔的《蝉》都写了蝉鸣，其用意有何不同？

考点直通车

这首诗是唐代诗人虞世南创作的一首五言绝句。诗人通过对蝉的姿态、习性、居所、鸣叫声的细腻描写，赞颂蝉的清高风雅以及高尚的品德。他也以此暗喻自己像蝉一样，为人正直，高洁傲世，压根不需要借助外界的某种力量来使自己声名远扬，整首诗都透露着诗人的高度自信。

诗人虞世南的一生，也的确配得上这样的赞誉。这首诗是虞世南为受到唐太宗的知遇之恩而作。在此之前，虞世南的经历极为坎坷，他先是在南朝陈任职，后隋灭陈，他只好与哥哥虞世基一同前往长安（在今陕西西安一带）。在宇文化及杀了隋炀帝杨广后，虞世南被挟持到了山东聊城，后又经历了两次变迁，虞世南终被唐太宗李世民重用。此后，他一直辅佐唐太宗，逐渐位高爵显，但他始终没有忘记自己的初心，一直坚持走正道。这首诗其实就是诗人勤于自勉的写照。

万物知识点

小小身量，总让人感慨生命之伟大

蝉就是我们现代人俗称的知了。蝉的体形很小，成年的蝉只有2～5厘米长，即使是世界上最大的帝王蝉，体长也只有7厘米左右。别看蝉就这么点儿大，它的视力可是相当好，主要原因是它的眼睛实在太多了。这样说吧，在它的两边有2只复眼，位于头部两侧且分得很开，但在它的复眼里，居然还有3只很小的单眼。

蝉有两对漂亮的膜翅，这两对膜翅是蝉全身最优美的部位。它们看起来几乎是透明的，但细看上面分布着黑色脉络，所以有个词叫“薄如蝉翼”。到了夏天，蝉就进入了繁殖期，它们最大的爱好就是趴在树上拼命叫，声音非常尖利刺耳，让人恨不得把它们全部弄下来。难怪虞世南在诗中说“居高声自远”，可这“声”也太远了吧，古人诚不欺我。

那么，蝉究竟是受了什么刺激，非要这样叫？难不成它的嘴巴有特殊的结构？这还真不是。蝉的嘴巴并不是用来喊叫的，它实际上是一根针状的口器，就像注射器上的针头，用来刺破植物的茎干，再吮吸里面的汁液来汲取营养，所以它不能发声。真正让蝉发出声音的，是它腹部的腹瓣结构，不过这也只有成年的雄蝉才能做到，雌蝉与幼蝉是发不出声音的。

“汝之蜜糖，彼之砒（pī）霜。”我们对夏日雄蝉的鸣声如此不耐烦，但雌蝉觉得很动听，它们往往会被雄蝉的叫声所吸引，随后飞过去，与之繁衍后代。蝉的生长也很神奇，当蝉完成交配后，雌蝉会用尖细的产卵器把卵产在树木的树皮里，一次就能产卵数百枚。有了树皮的庇佑，这些虫卵就可以存活下来，到来年春天孵化出幼虫，而

高分句子铺

无人信高洁，谁为表予心？——唐代文学家骆宾王《在狱咏蝉》

四年黑暗的苦工，一月日光中的享乐，这就是蝉的生活，我们不应厌恶它歌声中的烦吵浮夸。因为它掘土四年，现在忽然穿起漂亮的衣服，长起与飞鸟可以匹敌的翅膀，在温暖的日光中沐浴着。那种钹的声音能高到足以歌颂它的快乐，如此难得，而又如此短暂。——法国昆虫学家法布尔《昆虫记》

虞世南的《蝉》是唐代咏蝉诗中年代最早的一首

幼虫会从树干坠落到地面，随后再钻进泥土里，靠着吮吸树木根茎的汁液成长。幼虫的成长期非常长，一般在地下4～5年，有的长达17年。待发育成熟后，它们到了夏天再爬到树干上，进行一次蜕皮，也就是我们熟悉的“金蝉脱壳”。

在夏季，我们最早听到的蝉鸣，是一种叫蜩（tiáo）的蝉发出的，即《诗经》中说的“五月鸣蜩”。到了七八月，叫得人头发昏的蝉是黑蚱蝉，只要一只蝉带头叫，附近的蝉都会跟着齐声鸣叫。而寒蝉，是在天凉之时才会发声，它的叫声不是“知了”，而是“伏了”。当它鸣叫的时候，三伏天也就结束了。

无论是什么品种的蝉，它们的成虫期都很短，只有数周便死去了，这也让不少古人为之感伤。

当蝉“飞”进古人的生活中

古人的伤感来源于对蝉生命短暂的叹息，同时他们还觉得在蝉的身上有很多值得称赞的品质。西晋文学家陆机曾经对蝉的优点进行概括：“头上有緌则其文也，含气饮露则其清也，黍稷不享则其廉也，处不巢居则其俭也，应候守节则其信也。”总结起来，蝉居然集文雅、高洁、廉正、质朴以及诚信于一身。然而美好的事物总是短暂的，为了留住这短暂的美好，古人干脆就让蝉“飞”进自己的生活中，这样就能处处有“蝉”意。

蝉“飞”的最高处，应该是帝王亲贵的冕冠，这样帝王亲贵就可以向世人表明，自己也有同蝉一样的高尚情操。而在皇帝的侍从以及官员的帽子上，也出现过蝉的形象，通常与蝉的形象相连在一起的是貂的尾巴。古人认为貂的尾巴是外柔内韧的，而蝉代表了高洁的品质，两者相连，内外兼修，因此古代就有了“貂蝉冠”和“冠貂蝉”

的说法。说到此处，不禁让人产生了一个疑问：古代四大美女中的貂蝉与这个貂蝉冠有关吗？有一种说法认为，貂蝉的名字就来自于此，因为貂蝉在入宫后，她的主要职责就是掌管朝臣所戴的貂蝉冠。

除了“貂蝉”这个梗，还有一个我们熟悉的词“蝉联”（亦作“蝉连”）也与蝉有关。我们都知道，“蝉联”的意思是绵延不断，连续相承。左思曾在《吴都赋》中用“蝉联陵丘”来描述大小山丘一座连着一座；陆龟蒙也在《引泉诗》里有诗句“是时春三月，绕郭花蝉联”，其中“蝉联”二字用来形容花团锦簇的繁盛景象。再后来，“蝉联”还可以指一脉相承，比如唐代杨炯的《遂州长江县先圣孔子庙堂碑》中写道：“齐九龙而阔步，一门钟豹变之荣；袭五公而长驱，四代赫蝉联之祉。”让人很意外的是，假如我们看到写得很啰唆的文章，在古代也可以用“蝉连”这个词来吐槽。最经典的莫过于清初诗人钱谦益在《跋〈渭南文集〉》中的吐槽：“今人于法书名画，强作解事，蝉连满纸，必不肯单题姓名。”钱谦益认为，有的人在书画上非要写一大堆废话来解说，满张纸上都啰啰唆唆，就不能直接署名吗？

蝉图腾，作为追求不朽获得新生的寄托

当然，蝉还曾飞入古代死者的口中。古人在死者入殓时，通常会让死者的口中含一个比较贵重的物品，达官显贵之家会放珠玉，普通百姓之家则会放硬币。古人对待死亡的态度是向死而生，他们不忍心

古人为蝉赋予“五德”：文、清、廉、俭、信

自己的亲友“空口而去”，所以在口中放入珠玉或硬币的丧葬风俗也被称为“饭口之礼”。早在商代，古人就会将一种蝉形的玉器放入死者口中，希望死者可以像蝉一样变成蛹，来年又可以复生。同时，蝉身上所具有的“文、清、廉、俭、信”这五德，也是对死者的赞誉。

在一些西汉墓葬中，考古学家也曾在墓主人的口中发现玉蝉，取出之时，洁白清透的玉蝉中还渗透着鲜红的血丝，不免令人唏嘘。

此外，蝉作为高洁的代表动物，它的形象也多次出现在古人的日常生活用品中。有意思的是，有些古人认为佩戴玉蝉可以帮助正在读书的小朋友开慧，这样小朋友读起书来就能变得聪明，学习自然也会有长进。

提分素材馆

蝉鬓

每个朝代对美女的定义都不一样，比如唐代以胖为美，宋代认为纤瘦才漂亮。然而有一点，古人们可以谈到一起去，那就是美女的发型，古人大多认为美女必须是“乌发蝉鬓”。“乌发”很容易理解，古人喜欢美女的头发又黑又亮，而“蝉鬓”就要复杂得多。它是古代女性的一种发型，这种发型要将两颊旁边、靠近耳朵的头发梳得薄如蝉翼。

晋崔豹《古今注·杂注》记载：“魏文帝宫人绝所爱者，有莫琼树、薛夜来、田尚衣、段巧笑四人，日夕在侧。琼树乃制蝉鬓。缥缈如蝉翼，故曰蝉鬓。”原来，“蝉鬓”这个发型起源于三国时期的魏国，而这个发型的发明者是魏文帝后宫一个叫琼树的美女。

琼树为了让自己能在后宫佳丽中脱颖而出，绞尽脑汁地倒腾自己的头发，但后宫有规制，她不敢在整体上做改变，于是就把注意力放在了鬓发上。她将鬓发梳得像蝉翼一样轻薄，走起路来，鬓发微微颤动，显得她整个人都灵动起来，又不失娇俏。魏文帝一看就很喜欢，于是后宫的美女们也纷纷效仿，“蝉鬓”这个发型就成了一股风潮，时兴了千百年。

到了唐代，美女们决定在“蝉鬓”这个发型上进行二次创新。她们将鬓角处的头发向外梳，梳掠得极其夸张，鬓发就成了薄薄的一层，看起来与蝉翼更相仿。白居易在他的词中对这个发型用了非常贴切的描述：“蝉鬓鬅鬙（péngsēng）云满衣。”或许是因为太漂亮了，再后来，“蝉鬓”居然成了女性的代名词。

松江鲈鱼：有人为了我可以连大官都不做

江上渔者

宋·范仲淹

江上往来人，但爱鲈鱼美。

君看一叶舟，出没风波里。

真题面对面

【2023年浙江宁波中考题】

请以“决定大自然的美好未来”为话题写一篇文章。可以写记叙性文章，也可以写议论性文章。

考点直通车

北宋景祐元年（1034年），范仲淹已经四十六岁了，当时的他主政苏州，为了治理水患，在苏常一带出差，察看水情。就在这时候，范仲淹忽然看见江中的一叶扁舟，在风急浪高的水面上忽浮忽沉，他颇有感慨地写下了这首诗。范仲淹在诗中指出，江上这来来往往的人们，只知道去品尝鲈鱼鲜美的味道，却不去想想江上渔民为了这样一条鲈鱼要付出多少艰辛，他们每一次的捕捞都是在用生命冒险。整首诗读起来亲切自然，语言平常，却在平常中道出了对劳动人民的同情与爱惜，还有他希望唤起世人不要贪图享乐，要多多重视民生疾苦的心愿。

诗中所提到的“鲈鱼”，与我们现在餐桌上常见到的鲈鱼有所不同，它在当时可是一道绝世美味。古代无数诗人都在诗中提到了它，那么鲈鱼究竟有什么魔力呢？

万物知识点

古人的“网红”美食“鲈鱼”究竟是什么鱼

说起鲈鱼，我们现代人不会觉得它有多特别，毕竟这是我们餐桌上常见到的一种鱼，吃法也很丰富，如清蒸鲈鱼、糖醋鲈鱼、焗鲈鱼、鲈鱼汤……但我们大多数人吃的都是海鲈鱼与河鲈鱼。

那么问题来了，古人这么稀罕的鲈鱼究竟是哪种？其实这个问题一直都有争议，有一部分人认为古人说的就是海鲈鱼，但更多的人认为是松江鲈鱼。松江鲈鱼，顾名思义，它的产地是松江（松江流经今苏州、上海一带）。它虽然叫鲈鱼，但是与海鲈鱼、河鲈鱼并不是一种鱼，在“血缘”上连亲戚都算不上。松江鲈鱼的长相相当霸气，它头大、嘴大，身子粗，胸鳍也巨大，但它的眼睛极小，浑身没有鳞片。它全身呈灰褐色，腹部泛白，最大的特征莫过于它的鳃膜上有橙红色带状斑，分布于双侧鳃盖膜上，看起来像是一边有两个鳃，于是松江鲈鱼又被称为“四鳃鱼”。当然，它也有别的绰号，听起来也很好玩，即“花媳妇”“花鼓鱼”。松江鲈鱼如此霸气的长相，让人误以为它的身材会很庞大，实则不然，一条成年的松江鲈鱼也不过15 厘米。

松江鲈鱼喜欢栖息于近海浅水水域和与海相通的河川、湖泊中，它有着降河洄游的习性，越是水清、水流湍急的地方，它越是喜欢，所以在捕捞它的时候，渔民要冒很大的危险。这也就是为什么范仲淹

江上往来人，但爱鲈鱼美

在看到渔民捕捞松江鲈鱼时，会在诗中写到“出没风波里”。范仲淹没有夸张，他是在完完全全地写实。

或许是松江的水清澈，江里的小鱼小虾以及水生昆虫提供的养料足够丰润，松江鲈鱼的肉质非常细腻，鲜美异常。早在《后汉书·左慈传》中就有记载，当时曹操宴请时称：“今日高会，珍羞略备，所少吴松江鲈鱼耳。”可见从那时起，松江鲈鱼就已经是公认的珍贵鱼类了。到了晋代，葛洪在《神仙传》中赞“松江出好鲈鱼，味异它处”。

居然有人为了鲈鱼，连大官都想不做

松江鲈鱼这么好吃，那古人必然要跟它发生点儿什么故事。

这里不得不先提西晋文学家张翰，他擅长写诗作文，性格也是放纵不羁，当时的人们觉得他跟阮籍很像，称他为“江东步兵”。据《世说新语·任诞》记载，在东吴灭亡后，有一次张翰在苏州阊门附近的金阊亭听到了一阵清越的琴声，就循着琴声去找，看看究竟是谁在弹琴。谁能想到这个人居然是会稽名士贺循，他将船停泊在阊门下，然后就坐在船里弹琴。张翰从前没有与他打过交道，却是一见如故，二人相谈甚欢，久久不愿分开。最后张翰听说贺循要去洛阳，当时就决定同贺循一起去，直接上了船就走，连家人也没说一声。

当然，张翰去洛阳也是为了自己的前途与命运考虑。在他到了洛阳后，当时掌握朝廷实权的是齐王司马冏，他很欣赏张翰的才华，于是重用他为大司马东曹掾。这个官职相当于现在企业里的人事经理，掌管官员举荐与任免，这对张翰来说是个极好的升迁机会。然而入职后不久，张翰就感到了一阵腥风血雨在向他涌来。彼时的晋室正值八王争斗，朝堂上看似风平浪静，暗地里却是刀光剑影，杀机四伏。张翰的上司司马冏初有作为，可是在讨伐司马伦之后，骄横跋扈，将所有的精力都用来排除异己。这与张翰来洛阳的初心完全相悖，他认为即使自己现在跟着司马冏如日中天，但以司马冏的行事作风，一切只是过眼云烟。

那时正是秋天，当一阵阵秋风吹过，草木黄，大雁南归，张翰忽然有些思念家乡，尤其思念家乡那些特产，比如菰（gū）菜、莼（chún）羹，还有那肉质细嫩的鲈鱼……于是他大笔一挥，写下了《思吴江歌》：“秋风起兮佳景时，吴江水兮鲈鱼肥。三千里兮家未归，恨难得兮仰天悲。”这封“辞职信”里既有对功名难得的感慨，又有弃世思归的适意。后来的文人们都围绕着“秋风鲈鱼”“莼鲈之思”

高分句子铺

鲈鱼正美不归去，空戴南冠学楚囚。

——唐代诗人赵嘏（gǔ）《长安秋望》

闻说故园香稻熟，片帆归去就鲈鱼。

——唐代诗人李郢（yǐng）《江亭晚望》

斜日早知惊鹏鸟，秋风悔不忆鲈鱼。——唐代诗人白居易《端居咏怀》

创造出一系列以“鲈鱼”“鲈脍”“思鲈”“忆鲈”“鲈乡”等为主题的文学作品，松江鲈鱼也因此再次声名大振。

乾隆下江南，特意去“打卡”松江鲈鱼

松江鲈鱼虽是张翰“辞职”的一个幌子，但若不是真的鲜美，张翰也不会第一时间就想起它来。当然，对松江鲈鱼爱得深沉的肯定不止张翰一个人，唐代诗人崔颢想起松江鲈鱼来，也是馋得要命。他有一次在扬州送朋友回苏州，他在送别诗《维扬送友还苏州》里公开表示了对朋友能吃到松江鲈鱼的羡慕：“渚畔鲈鱼舟上钓，羡君归老向东吴。”后来的元稹也在诗中表达了对鲈鱼的喜爱：“莼菜银丝嫩，鲈鱼雪片肥。”至清代，最会吃喝玩乐的乾隆皇帝两次下江南，都特意去松江府“打卡”松江鲈鱼，一边吃一边夸赞道：“这松江鲈鱼真好吃啊！以后就让它成为年年进奉的贡品吧！”

松江鲈鱼如此受欢迎，导致后来的市场需求量极大，历朝历代对它的捕捞都有些过度，以致到了清代中晚期，松江鲈鱼濒临灭绝。后来，人们只能狠狠吞咽下自己的口水，忍着不再捕捞松江鲈鱼，并且努力探索人工养殖的方法。直到现代，松江鲈鱼的人工养殖才渐渐形成规模，但数量还是很少，所以依然属于高端食材，不常见于我们的餐桌上。而野生的松江鲈鱼，目前已经是国家二级保护动物了，禁止捕捞与食用。看来，喜欢任何东西都要有节制，否则就会有永远失去它的危险。

提分素材馆

生鱼片才不是日料的专属，古人早已吃上了

现代人一提起吃生鱼片，第一反应就是去日本料理店，殊不知我们国家早在周朝就已经有吃生鱼片的记载了，最早居然可以追溯到周宣王五年（前823年）。据出土的青铜器“兮甲盘”的铭文记载，当年周师于彭衙（位于今陕西白水）迎击猃狁（xiǎnyǔn），大胜而归。大将尹吉甫开了一场庆功“派对”，宴请了张仲以及其他的朋友，其中有一道主菜是烧甲鱼加生鲤鱼片。《诗经·小雅·六月》中也提到了这件事：“饮御诸友，炰（páo）鳖脍鲤。”其中的“脍鲤”就是生鲤鱼。

那么古人是怎么吃生鱼片的呢？《礼记·内则》载：“脍，春用葱，秋用芥。”看来葱与芥是古代生鱼片的调味品。《论语·乡党》中又强调要对脍等“不得其酱，不食”。在先秦时，生鱼片需要用加了葱、芥的酱汁来调味。可见，古人吃生鱼片与我们现代人几乎没有什么差别，都是要蘸芥末与酱汁。

到了宋元时期，古人在吃生鱼片的时候，又会将其用水涮一下再吃，因为大多数淡水鱼中有大量寄生虫，古人也曾在史料中零星地描述过。《三国志·魏书·华佗传》里称，有个人叫陈登，他生病后，华佗对他诊断并开出了药方，结果陈登服药后，“吐出三升许虫，赤头皆动”。或许是因这些发生过的病例，加之被夸张描述，以讹传讹后，古人对吃生鱼片的热情就减退了，渐渐地，生鱼片也暂时告别了古人的日常餐桌。

萤火虫：微弱之光
竟能成为歇后语的“最佳主角”

囊萤夜读

选自《晋书·车胤》

胤恭勤不倦，博学多通。家贫不常得油，夏月则练囊盛数十萤火以照书，以夜继日焉。

真题面对面

【2019年重庆中考题】

阅读下面的材料，自选角度，自拟题目，写一篇文章。

萤火虫

小小流萤，在黑沉沉的暮色里，你多么欢乐地展开你的翅膀。你不是太阳，你不是月亮，你点亮了自己的灯。你冲破了黑暗的束缚，你微小，却并不渺小。因为宇宙间一切光芒，都是你的亲人。

考点直通车

东晋有个人叫车胤，他自幼聪明好学，但家里实在是没有钱，晚上连点灯的油都没有。车胤为了能让自己在夜间也读上书，夏夜就去捕捉萤火虫，再将萤火虫放到手绢里，用来照明。对学习如此上心，车胤的学识自然不会差。后来，人们感动于车胤刻苦读书的精神，就将他的这个举动概括为“囊萤夜读”。我们小时候念的《三字经》里有一句“如囊萤，如映雪，家虽贫，学不辍”，其中“如囊萤”的故事主角就是车胤。

在这个故事里，除了主角车胤，萤火虫可是最给力的配角，只是古代的萤火虫真的可以照明吗？萤火虫又与别的古人发生过什么故事？

万物知识点

萤火虫的光，可以用来照明吗

萤火虫堪称昆虫界的“颜值担当”，它可以发出黄色、橙色、红色、黄绿色以及绿色等多种颜色的荧光。除个别的种类外，萤火虫的卵、幼虫、蛹、成虫都可以发光。萤火虫这么积极地发光究竟是为了什么？难不成就是为了给车胤读书用吗？

当然不是，不同阶段萤火虫的发光作用各不相同，比如幼虫发光是为了提高警戒，把它们的天敌吓跑；至于成虫，它们是要利用闪光进行种类的辨认、求偶以及诱捕。萤火虫的成虫有好几个种类，这导致它们活动的时间也有差异。有的萤火虫在夜间活动，从傍晚六点到凌晨三四点；大多数种类的萤火虫在日落之后就开始活动，到晚上八九点钟就“下班回家”了。

话说回来，萤火虫发出的光真的可以照明，用来读书吗？其实这很困难，即使是一百只萤火虫被裹在一条白绢里，光线也非常微弱，因为萤火虫的光是忽明忽暗的，想必车胤在用萤火虫照亮书本时，眼睛一定很难受。

关于萤火虫的传奇，只能说一个比一个离谱

或许是萤火虫能够发光的这个特点给予了古人无限遐想，于是有关萤火虫的传说一个比一个离奇。先说一下古人是如何称呼萤火虫的吧，单是称呼就能看出这个“古代萤火虫迷”的阵仗不简单。崔豹《古今注·鱼虫》记载：“萤火，一名晖夜，一名景天，一名熠耀，一名磷，一名丹良，一名丹鸟，一名夜光，一名宵烛。”古人给萤火虫起的别名充满浪漫主义色彩，于是他们在追溯萤火虫来源的时候，赋予了萤火虫一系列传说。

古代最广泛流行的说法是“腐草化萤”说。古人认为萤火虫主要出没于潮湿腐败的草丛，当他们看到萤火虫在这些草丛里一闪一闪地出入时，就认为萤火虫是由这些草腐烂后变的。这也不是古人愚昧，而是他们认为世间万物皆可转化。还有一个更离奇的传说，古人认为萤火虫是由人死后的“灵魂”变成的。古人只看到了萤火虫在夜间飞行，而受当时条件所限，他们找不到萤火虫的虫体，就以为自己看到的是磷火，以为人死后的“灵魂”会化为萤火虫。这种传说就更不可

信了。

萤火虫除了在古代民间承担着上述离奇形象外，它们还是古人口中歇后语的“最佳主角”。萤火虫能发光这个神奇功能，算是被古人充分利用了。当他们想说一个人心知肚明的时候，就会说对方“肚皮里吃了萤火虫——全明了”，或是“口吞萤火虫——心里亮”。想说一件事发展不顺利，会说“萤火虫的屁股——没多大亮”。吐槽一个人自以为是，会说“萤火虫落在秤杆上——自以为是颗亮星”。若是遇到一个虚伪的人，古人直接说“萤火虫飞上天——假惺惺（谐音梗，假星星）”。

被古人玩坏了的萤火虫都要佩服他们的脑洞之大，同时只能对古人说一句：“只要你开心就好。”

萤火虫能发光的“特异功能”让古人忍不住想与之靠近。此处不得不提特别爱玩的隋炀帝，《隋书·炀帝纪》记载：“大业十二年（616 年），上于景华宫征求萤火，得数斛（hú），夜出游山，放

高分句子铺

愿中国青年都摆脱冷气，只是向上走，不必听自暴自弃者流的话。能做事的做事，能发声的发声。有一分热，发一分光，就令萤火一般，也可以在黑暗里发一点光，不必等候炬火。此后如竟没有炬火：我便是唯一的光。——现代文学家、思想家、革命家鲁迅《热风》

银烛秋光冷画屏，轻罗小扇扑流萤。——唐代文学家杜牧《秋夕》

之，光遍岩谷。”后来，隋炀帝又命人在扬州专门建了一个放萤苑，里面安排专人为他收集、放飞萤火虫，以方便他随时取乐。唐代诗人杜牧曾在《扬州三首》（其二）中提到这个放萤苑：“秋风放萤苑，春草斗鸡台。”

好在文人雅士还是很“器重”我的

爱玩的隋炀帝看到萤火虫是想着怎么玩得轰轰烈烈，而文人雅士见到萤火虫，那就得在萤火虫身上“做文章”。不同于民间的鬼怪传说，古代文人雅士见到萤火虫后，总能与自己的命运际遇联系在一起，甚至想通过萤火虫表达心声。

比如三国时期的曹植，原本他是曹操最偏爱的儿子，但终因个性太过自由散漫而与魏王世子之位失之交臂。曹丕称帝后，曹植成为他的眼中钉肉中刺，日子过得如履薄冰。曹丕死后，曹植以为自己的侄子曹叡（ruì）会放自己一马，于是就给曹叡写了一份《求自试表》。

在这份表文里，曹植称自己想要为国家建功立业，希望得到重用，文末还将自己比作“萤烛末光”，可惜曹叡对他这位叔叔依然有所忌惮，非但没有同意曹植的请求，反而在第二年就让他“徙封东阿”。虽然曹植没有完成夙愿，但他表文中的“萤烛末光”一词倒是成了经典。自此，古人想向帝王表达自己的忠心就会将自己比喻为“萤火虫”：一是表现出自己的地位十分卑微；二是将自己的功绩淡化，免得帝王认为自己功高震主；三是表达了绝对忠诚，因为“萤烛末光”追随的是“日月之光”。

到了西晋时期，有一个叫傅咸的人还创作了历史上第一篇以萤火虫为主题的《萤火赋》，他在赋前序中写道：“余曾独处，夜不能寐，顾见萤火，意遂有感。于是执以自照，而为之赋……”傅咸在晋武帝时袭父爵为清泉侯，历任御史中丞、司隶校尉等职，他与他的父亲一样为人正直，疾恶如仇，推贤乐善。他看到萤火虫的时候，觉得萤火虫即使在黑暗的环境下，仍然能发光发亮，所谓的忠臣良将不应也是如此吗？无论是否被帝王重视，无论官场是光明还是黑暗，都要竭尽所能做好一个臣子，为国家建功立业。后来西晋著名的文学家潘岳（就是“貌比潘安”的那个潘安，他的大名叫潘岳）也作了一篇《萤火赋》与之相应，从此以“萤火虫”为主题的诗文在文学圈子里火了……

当然文人雅士也不都是以萤火虫来自比或励志。南北朝后，不少以萤火虫为主题的诗文都是为了抒发悲秋思人或者凄美寂寞的心绪。最感人的莫过于被称为“小谢”的谢朓（tiǎo）（“大谢”为谢灵运），他写了一首《玉阶怨》：“夕殿下珠帘，流萤飞复息。长夜缝罗衣，思君此何极！”珠帘与萤火虫在一起，原本是多么美好的意境，但在思妇看来，这种美好只会让内心更加伤感。

看吧！萤火虫到了文人雅士的笔下，它还能承载这么多形象和寓意。小小一只萤火虫，却能在古代的历史上掀起这么多浪花，对它还真的不可小觑哦！

提分素材馆

那个“囊萤夜读”的孩子长大后怎样了

关于车胤，另一个典故“明镜不疲”说的也是他。东晋孝武帝将要给大臣们讲《孝经》，当时的世家大族谢安、谢石两兄弟便在家里和一群读书人组织了一个学习小组，大家讨论问题，以防被提问。车胤也是其中的一个，在听完谢安、谢石的观点后，车胤有点疑问，但又不敢问，于是他就对袁羊说道：“我不问，怕把精彩的讲解部分遗漏了。问吧，又怕劳烦人家……”袁羊就对他说：“你何时见过明亮的镜子厌倦人们常照，清澈的流水害怕和风吹拂？你实在是想太多了……”

拥有如此刻苦又谦虚的学习精神，车胤显然就是“别人家的孩子”。成年后的他颇有才名，在乡里也非常有声望。若单是品学兼优也就算了，偏偏车胤还一表人才，史料中称他“风姿美妙”。东晋政治家桓温做荆州刺史的时候，就召车胤为从事，因为车胤学富五车，又善于辨析义理，桓温特别器重他。后引为主簿，又迁为别驾、征西长史，车胤在朝廷中开始崭露头角。要知道，在晋代门阀制度下，寒门子弟是非常难出头的。当时也只有车胤与吴隐之以寒素博学知名于世。贫寒的出身并没有让车胤感到自卑，他还是“社交达人”，善于赏玩集会。只要有盛会，桓温就会邀请车胤出席。假如车胤有公务缠身来不了，那么众人就会吐槽：“车公没来，一点都不快乐。”

第二辑

植物之美

葵菜：我救过西晋著名文学家陆机一命

十五从军征

选自《乐府诗集》

十五从军征，八十始得归。
道逢乡里人："家中有阿谁？"
"遥看是君家，松柏冢累累。"
兔从狗窦入，雉从梁上飞。
中庭生旅谷，井上生旅葵。
舂谷持作饭，采葵持作羹。
羹饭一时熟，不知饴阿谁！
出门东向看，泪落沾我衣。

真题面对面

【2020年江苏南京中考题】

生活处处有趣味，单是食趣就颇多。请以"食趣"为题，写一篇文章。

考点直通车

《十五从军征》这首乐府诗描写的是一位白须征夫回归故里的场景。诗人没有具体描写这位白须征夫回到故里后，他的家园被战争毁得多么残颓不堪，也没有交代白须征夫的家人都去了哪里，而是选择了一个最为日常的场景“采葵持作羹”，结果白须征夫做好了葵菜羹汤后，他却不知道能与谁共进这碗羹汤。“葵菜汤”这一细节将整首诗推至情感的最高潮，家园的残败、亲人的离去、征战的悲苦以及韶华易逝，种种情感交融在一起，是那么慷慨悲切、情真伤怀。

只是，这位白须征夫做的这碗葵菜汤中的“葵菜”，究竟是什么菜？为何我们现代人很少能吃到葵菜了？

万物知识点

去市三百步者不得树葵菜

古人说的“葵”或“葵菜”，其实就是冬寒菜。在我们国家，葵菜的栽培历史可追溯到公元前 11 世纪的西周时期，而“葵”这个叫法始见于《诗经·豳（bīn）风·七月》中的“七月亨（也可另作‘烹’）葵及菽”。这首西周初年的农事诗，记录了周代人在七月里烹食“葵菜”的情景。其中“菽”指的是大豆，大豆从古至今都是人们摄取蛋白质的重要来源，诗人在这里将葵菜与大豆并列放在一起，也足见葵菜在古人餐桌上的重要性。

事实也的确如此。葵菜可是与藿、薤、葱以及韭并称为“五菜”，而葵菜一直都是“五菜”之首。作为“五菜”之首，葵菜的地位相当于现代的大白菜，是重要的“民生菜”，它的种植与老百姓的生计息息相关，于是许多史料中，经常会出现葵菜的身影。

据《管子·轻重甲》记载，因齐桓公担心北郭的菜农生活艰难，管仲提出了一个“扶贫政策”，即“去市三百步者不得树葵菜”，意思是不允许菜市场附近的居民自行耕种葵菜，以免影响菜农的生意。战国时期的鲁相公仪休更夸张，他直接冲到了自家的菜园子里，拔掉了里面所有的葵菜，为的就是表明自己不会影响老百姓的生计，这一故事可见于《史记·循吏列传》。

获得了“百菜之王”的称号

葵菜在蔬菜界的地位这么高，肯定不止“葵”或“葵菜”这一个称谓吧？没错，在魏晋南北朝时期，葵菜还被称作“绿葵”。潘岳曾在《闲居赋》中写道：“绿葵含露，白薤（xiè）负霜。”很显然，“绿葵”这个称谓源于葵菜的颜色。葵菜还有另一个更具诗意的名字，叫“露葵”。

与别的称谓不同，“露葵”居然来自农谚“采葵不伤根”“触露不掐葵”。原来啊，古人一直要等到露水干了以后，才能去采集葵叶，若是太心急，葵菜就不再生长了。这就是葵菜又叫“露葵”的原因。在唐代，李白和杜甫都在唱和诗中提到了“露葵”这一称谓，即“园蔬烹露葵”以及“倾阳逐露葵”。

到了宋元时期，葵菜迎来了它在古人餐桌史上的高光时刻，它获得了“百菜之王”“百菜之主”等光荣称号。只可惜明代以后，古人的种植技术提高了，蔬菜的品种也多了，葵菜的“王冠”逐渐被别的蔬菜夺走，它的地位江河日下。至清代，葵菜沦为南方一些地区的季节性蔬菜。到现代，葵菜则是以“冬寒菜”这个称谓留存下来，在冬春交替的淡季供人们食用。

作为曾经“一家独大”的蔬菜，葵菜究竟有多好吃呢？在马王堆汉墓中，辛追夫人（另一称“避”）的身侧就有一包葵菜的种子，可见葵菜在向死而生的古人心中有多重的分量。

救过西晋著名的文学家陆机一命

葵菜在古人的田园与餐桌上随处可见，那么它势必会成为古代文人笔下的吟咏对象。第一次以葵菜作为文学意象的人是大才子曹植，

高分句子铺

青青园中葵，朝露待日晞。阳春布德泽，万物生光辉。常恐秋节至，焜黄华叶衰。百川东到海，何时复西归？少壮不努力，老大徒伤悲！——《乐府诗集·长歌行》

成语“葵藿倾阳”，出自曹植《求通亲亲表》，形容下级对上级表示忠诚与仰慕

他在《谢妻改封表》中说：“葵藿草物，犹感恩养。”又在《求通亲亲表》中道：“若葵藿之倾叶太阳，虽不为之回光，然终向之者，诚也。”因为葵菜的叶子喜欢向着阳光生长，于是葵菜就被曹植赋予了忠诚的意蕴。此后，吟咏葵菜“忠诚”的诗歌便越发常见。

估计葵菜自己都没想到，关键时刻，它还能救人一命，而它救的人居然是西晋著名的文学家、书法家陆机。陆机曾写了两首《园葵诗》，从诗文字面意思上看是在吟咏葵菜，但其实他是在“求生”。晋宣帝司马懿的第九子司马伦与陆机关系甚好，司马伦在篡位前还曾任命陆机为中书郎，后来司马伦篡位失败，作为好友的陆机必定会受到牵连。想到自己与整个家族的命运危在旦夕，于是陆机写下了两首

《园葵诗》。他通篇都以“葵”喻己，表明自己对晋惠帝的忠心，以及他在变幻莫测的黑暗政治斗争中的遭际与无奈。最终，这两首《园葵诗》让晋惠帝暂且相信了陆机的忠诚，于是陆机及其家人免于一死。

鲍照与“鲍照葵”

葵菜与古人的故事有悲，也有喜。比如它与南北朝鲍照的一段佳话，居然使葵菜有了“鲍照葵”这样一个别名。鲍照对葵菜实在是爱得深沉，作为文人，他最大的诚意自然是要为葵菜写一篇《园葵赋》。而这篇赋，大多数人认为是在临川王刘义庆死后，鲍照归隐田园后创作的，毕竟文中没有丝毫的“苦大仇深”，处处都是在描述田园风光，字里行间充满一种闲适散淡的生活情趣。

因为葵菜随处可见，极易生长，鲍照在赞美葵菜的时候，还将它比喻为门阀之外，虽出身贫寒，却贫而有节的士人。他希望自己与寒门士子都可以像葵菜那样，既不甘于沉沦，也不趋炎附势，只是默默地滋养着老百姓。或许是太喜欢吃葵菜了，鲍照对葵菜的形态与口感竟有“二合一”的描述，他居然说葵菜像猪耳朵、鸭掌，这形容也太精妙了吧！

而从现代科学的角度看，葵菜也确实是不可多得的健康蔬菜。它含有丰富的多糖，不仅可以促进肠胃蠕动，还可以阻止肠胃中有害细菌入侵人体组织。有机会的话，我们不妨尝尝这道昨日的“百菜之王”吧！

提分素材馆

葵菜就是向日葵？天大的误会

唐代的政治家张九龄曾经写过与葵有关的诗句：“园葵亦向阳”“卫足感葵阴”。大诗人杜甫也写过：“葵藿倾太阳，物性固莫夺。”加之十六、十七世纪时，原产于南美洲的向日葵被引入我国，且短暂地被称为“卫足葵”，许多人就认为“葵菜就是向日葵”“葵菜与向日葵一定有关联”……葵菜“表示”，这真的是一个天大的误会！

其实葵菜之所以有“卫足”与“阳草”的别称，是因为它的葵叶具有趋光和蔽日的特性。其中“卫足”这个别称的由来，还有一把古人的辛酸泪。

据《左传·成公十七年》记载，公元前574年，鲍叔牙的曾孙鲍牵因揭发齐灵公夫人的隐私而被谗言所害，惨遭刖（yuè）足的酷刑。对这件事，孔子发表了评论：“鲍庄子之知不如葵，葵犹能卫其足！”晋代学者、《左传》注释专家杜预认为，孔子的意思是：葵菜都能用叶子遮蔽阳光来保护自己的根基，以免遭受日晒之苦，而鲍牵为人处世的能力还不如葵菜。再后来，“卫足”就被用来比喻“自全”与“自卫”，同时也成为葵菜的别称。

至于向日葵，它的老家远在中南美洲，明代以前，古人的画作中压根儿就没有出现过它的身影。一直到了哥伦布发现新大陆后，向日葵才被欧洲人发现并传播到世界各地。若不信，咱们再仔细想想，就向日葵那个大花盘以及几片粗大的叶子，它能像鲍照说的那样，像猪耳朵、鸭掌那么好吃吗？所以啊，别上当，葵菜是葵菜，向日葵是向日葵。

苔藓：扒一扒我这不起眼的一生

小儿垂钓

唐 · 胡令能

蓬头稚子学垂纶，侧坐莓苔草映身。

路人借问遥招手，怕得鱼惊不应人。

真题面对面

【2022年江苏盐城中考题】

请以“青绿苔痕”为主题写一篇作文。题目自拟，不少于600字，体裁不限，诗歌除外。

考点直通车

这首七言绝句描写了一个农村小孩在水边钓鱼的场景。诗人通过细腻的观察，极为传神地再现了儿童认真、天真的童心。前两句写小孩模仿大人坐在河边学钓鱼，但钓鱼需要耐心与定力，小孩子活泼好动，自然很难一直端坐着。没一会儿，这个小孩就拿不住钓竿了，为了让自己更舒服一点，他的身体不自觉地就向一边侧坐着。正当他集中精神钓鱼时，一个不识趣的路人出现了，向这个小孩招手问路。小孩担心大声说话会惊扰鱼群，压根儿就没有搭理这位路人。也有一说，这个不识趣的路人就是诗人本人。

这首诗充满童趣，读来清新活泼，每一句诗中都藏着细腻的观察。除了儿童担心鱼跑了而不搭理路人以外，“侧坐莓苔草映身”这个细节也很有趣。那么，这个小孩侧坐的“莓苔”究竟是什么？

万物知识点

苔藓、海带、紫菜，古人傻傻分不清楚

一看到“莓苔”两个字，我们的脑海里可能立刻就会出现草莓、蓝莓、海苔、青苔、苔藓……它听起来很像是两种植物的合称，但其实“莓苔”并不复杂，苔就是我们随处可见的青苔，或者苔藓。

在现代植物学中，苔藓是最低级的高等植物。它没有花，也没有维管组织，却拥有强大的生命力。它能忍受恶劣的环境，可以在高温、高寒、干旱和弱光等其他陆生植物不易生存的环境下生长繁衍，并且分布极广。有学者认为，苔藓对干旱环境的忍受能力仅次于地衣，因此苔藓和地衣常被生态学家赞为大自然的拓荒者。

在古代，苔藓也深受古人的喜欢。古人把苔藓视为泛草一类的植

物。在一些史料中，苔藓还被称为“苔草”。这个误会还不算大，因为古人对于苔藓、海带、紫菜、海苔、海藻，“傻傻分不清楚”。

比如《资治通鉴·梁纪》中记载，侯景围台城时，当时粮食短缺，人们便以干苔充食。又比如李时珍写道，在河南的一座寺庙里，不少僧人都得了瘿疾，他们吃了几个月的干苔后，不治而愈，因此李时珍认为“乃知海物皆能除是疾也”。我们稍微动动脑筋就知道，这些史料中说的都不是苔藓，而是类似于海带、海苔的海产品。还有一个更离奇的故事，东晋时期的志怪小说集《拾遗记》在《岱舆山》一文中记载，渤海之东的仙山岱舆山上有紫苔，“味甘而柔滑，食者千岁不饥”。不愧是“神仙”，吃饭只吃苔藓，我们凡人还真是接受不了。

看起来明明很普通，却偏偏那么优秀

不过，古人也有准确认识到苔藓的时候，尤其是对苔藓的利用，那实在是太机智了。古人居然可以用苔藓来“观气象”。明代娄元礼《田家五行》记载：“夏初水底生苔，主有暴水，谚云：水底起青苔，卒逢大水来。”在夏天，水底若是生了青苔，那么就会有洪灾。古人只要看到这种情况，就会做好抗水灾的准备。

除了用于观气象，苔藓还可以“活水”。清代园艺家陈淏（hào）子在《花镜》卷四中指出：鱼只要靠近了土，它身上的颜色就不鲜红，所以必须用缸来养鱼。新买来的鱼缸还没有蓄水时，擦点生芋，注水后就能生出苔藓，鱼缸里的水便活了起来。正因为苔藓可以活水，古人在灌溉田地的时候，也会拉上苔藓来助力。如明代耿荫楼《国脉民天》中记载了一种灌田法，先是在井边砌一高池，平日用水来浇灌，时间久了就会生出虫子和苔藓来，这时候再将水道打开，田地里的植物就会长得特别好。

此外，苔藓还可以助力植物的生长。明代王路《花史左编》中记载了一种兰花的种植法，这种方法在现代也极为常见，即在花土上覆盖一层苔藓，然后频繁地洒水，这样花的香气就能散发得更为彻底。到了清代，人们又用苔藓来给植物养根，因为苔藓富含湿气，可以保持土壤的潮湿。

青苔是盆景和庭园不可或缺的组成元素

苔藓明明看上去很普通，却那么优秀，咱们还真不能小瞧它！

帝王妃子，最爱苔藓

苔藓在生活中有这么多用处，那么再微小的它也会引起世人的关注。谁能想到，最早注意到苔藓的竟是居住在深宫里的帝王、妃子。比如《拾遗记·后汉》中提到了东汉灵帝对苔藓十分喜欢，他在西园游玩的时候，命人采绿色的苔藓铺在水池的台阶上，再引渠水以绕砌，于是周围的水流因为有苔藓也都变得澄澈起来。

还有《酉阳杂俎》卷十九中记载，魏明帝曹叡对苔藓十分喜爱："《广志》谓之兰香，生于久屋之瓦，魏明帝好之，命长安西载其瓦于洛阳，以覆屋。"魏明帝曹叡对苔藓爱到什么程度呢？他觉得这些老屋子瓦片上长的苔藓非常有意趣，于是就命人将这些长了苔藓的瓦片从长安运到洛阳来，还真是任性。

高分句子铺

穷当益坚，老当益壮。——南朝宋史学家范晔《后汉书·马援列传》

假如你的品德十分高尚，莫为出身低微而悲伤，蔷薇常在荆棘中生长。——波斯诗人萨迪

消遣就是娱乐，无可消遣当然就是苦闷。世间喜欢消遣的人，无论他们的嗜好如何不同，都有一个共同点，就是他们必都有强旺的生活力。——现代美学家朱光潜《谈修养》

不过最浮夸的还是西晋大富豪石崇，他任荆州刺史的时候靠着抢劫远行的商客而获得了巨额财产，从此就登上了西晋的富豪榜。这位富豪也非常喜欢苔藓。据《花史左编》记载，石崇居然用金玉装饰砌上苔藓，估计苔藓自己都不会想到这辈子居然还能跟金玉待在一起。

文学作品里的“苔藓”

当然了，这些帝王或达官显贵对苔藓的喜爱，除了天生喜欢，还有一种是为了彰显自己独特的品位，让自己看起来非常高雅，与现代人追求小众的爱好一样。而在封建社会，作为帝王的附属品，养在深宫中的嫔妃对苔藓的感情又不一样了，她们竟会对苔藓产生一种“知己”的感觉。比如西汉的才女班婕妤，因为失宠于汉成帝刘骜，她在《自伤赋》中写“华殿尘兮玉阶苔，中庭萋兮绿草生”；陆机也为她写了一篇《婕妤怨》，有诗句“春苔暗阶除，秋草芜高殿”。这两句诗都在表明因为班婕妤的失宠，她所住的宫殿无比冷清，几乎没有什么人来，于是宫殿的台阶上已经长满苔藓，而她与后宫的佳丽们，又何尝不是跟苔藓一样，那么微不足道。

自从苔藓成为文学意象后，它也就“升华”了，渐渐地从宫怨诗中走向了更广阔的天地，成为无数文人雅士笔下的“座上客”。苔藓微小却无处不在，而且有强大的生命力，于是在诗人的笔下，苔藓又被赋予了高雅、隐逸的品质。江淹为了表达自己郁郁不得志，自比于苔藓，作《青苔赋》；鲍照也在感伤之时写下《代挽歌》。不过，能把苔藓顽强的生命力写到极致的当数清代的袁枚，他写有《苔》诗：“白日不到处，青春恰自来。苔花如米小，也学牡丹开。”诗中交代了苔藓背阳就阴的生长习性，也写了它微小的形态特征，更强调了其强大的生命力。

提分素材馆

敲敲补补过一生的诗人

《小儿垂钓》这首唐诗在文学史上很有名，但它的作者胡令能鲜为人知。历史上绝大多数的诗人要么是在做官，要么是在考取功名的路上，就算是隐士，如陶渊明，那至少也做过彭泽县令。谁能想到胡令能的工作居然是修补锅碗盆缸，并且他还在这个行业里做到了顶尖，江湖人称“胡钉铰”。修补锅碗盆缸是为了谋生，而在谋生之外，胡令能将业余时间都用来读书学习，他常常在修补之余作诗联句。或许是因为生活在市井烟火中，胡令能的诗句构思巧妙，具有很浓的生活情趣。

胡令能一生都未曾出仕，但才名在外，于是有一位韩少府（九卿之一）千里迢迢来拜访他。韩少府的谦逊让胡令能很是感动，他作诗相赠：“忽闻梅福来相访，笑著荷衣出草堂。儿童不惯见车马，走入芦花深处藏。”韩少府为胡令能有如此才华却未出仕深感惋惜，但胡令能的选择也不失为一种智慧：在修修补补中，寻找生活的诗意，又有何不可？你看，他最后不也跻身唐代著名诗人的行列了吗？

薇菜：身世复杂，古人为此开了辩论会

采薇（节选）

《诗经·小雅·采薇》

昔我往矣，杨柳依依。今我来思，雨雪霏霏。

行道迟迟，载渴载饥。我心伤悲，莫知我哀！

真题面对面

【2022年浙江宁波中考题】

为表达不同情感，“采薇”这一典故可能有三种使用角度：

①伯夷、叔齐扣马而谏；

②伯夷、叔齐隐于首阳山，采薇蕨而食；

③伯夷、叔齐义不食周粟，饿死于首阳山。

王绩《野望》（“相顾无相识，长歌怀采薇”）侧重从（　　）（填序号）角度用典，表达的情感是________。

文天祥《南安军》（“饿死真吾志，梦中行采薇”）侧重从（　　）（填序号）角度用典，表达的情感是________。

考点直通车

在阴雨连绵的寒冬里，有一位解甲归田的征夫在返乡途中踽踽独行。返乡的路并不好走，一路崎岖坎坷，他又累又饿，但好在乡关渐近。走在回乡的路上，他不禁百感交集，曾经艰苦的军旅生活，腥风血雨的战争场面，一幕幕在他的脑海里重现……而那些过去的日子里，采薇的场景总是令他印象深刻。

戍守边关的那些年，他与战友们曾无数次一起采薇，边关生活艰苦，薇菜成了他们用来充饥的野菜。眼见着薇菜从破土发芽，到长出幼苗，再到茎叶变得又老又硬，他们这些征夫的青春岁月也随着薇菜的生长与衰落一点点流逝。尽管远离家乡，青春易逝，但保卫国家的责任感让这些戍守边关的征夫毅然决然地坚持下来。

《诗经·小雅·采薇》这首诗既有御敌胜利的喜悦，又表现了征战的艰苦，全诗感人至深。同时，这是薇菜第一次在文学作品中出现，那么薇菜究竟是一种什么样的野菜呢？

万物知识点

名字好听，身份模糊

现代人的餐桌上若是出现了一两道野菜，那绝对是这一餐中的

“明星菜”。毕竟野菜现在的身价与从前不大一样，古人吃野菜是为了充饥，而现代人吃的野菜成了“山珍佳蔬”。诗中这位征夫反复提及的薇菜，名字这么好听，但它的“身世”实在是太复杂。

薇菜原产于我国，北半球各地多有分布。中国人采食薇菜已经有三千多年的历史，也正是因为历史悠久，关于“薇菜究竟是蕨类植物，还是豆科植物”这个问题，古人早已吵了几百回。

一部分古人认为，薇菜是一种紫萁科多年生草本蕨类植物的嫩叶柄，类似于我们熟悉的各种蕨菜。最早提出这种说法的人是唐代的司马贞，他在《史记索隐》卷十七中提出：“薇，蕨也。”南宋的朱熹对此表示赞同，他在《诗集传》卷一中解释说：“薇，似蕨而差大，有芒而味苦，山间人食之，谓之迷蕨。”大小如同蕨菜，外表长有针状物，味道有点苦，这些特征也可以判断出薇菜就是蕨类植物。

另一部分古人却认为薇菜是一种豆科植物。比如《说文解字》这样解释“薇”：“薇，菜也，似藿，从艹，微声。”“似藿”，就是薇菜和豆类植物的叶子相似。这种说法的拥护者很多，最有影响力的当数《本草纲目》的作者李时珍。李时珍认为古人说的“薇”就是野豌豆，即蜀人的“大巢菜”，可生于原泽，也可生于麦田，并且他认为《诗经》中提及的“薇”就是野豌豆。毕竟李时珍是“植物百科大师”，他的判断在当时颇具权威性，于是很多农学、医学界的古人都站在了他这一边。

这两方“辩友”其实说得都对，因为古代薇菜确实包含两种，既有蕨类薇，也有豆科薇。蕨类薇菜多生长于山林之中，形似小孩的拳头；豆科类蕨菜多生于水边、田野、山林，茎叶极为柔软。古人的这些分歧，那都是“同名异菜”惹的祸，它们虽然都被称为“薇”，实际上却是两种植物。

当然了，“同名异菜”的蔬菜多得很，为何古人偏偏盯上了薇菜？还不是因为古人发生了许许多多与薇菜有关的故事！

因为伯夷与叔齐，薇菜被赋予了高尚的品格

“薇菜”这么有诗意的名字，在古代却是贫寒之士救荒救饥的“保命菜”。与别的“保命菜”不同，薇菜因为历史上的两个人而被赋予了高尚的品格，这两个人便是伯夷与叔齐。

这还得从三千年前说起，那时有个古国叫孤竹国（位于今河北东北部和辽西地区），它历经商与西周两个朝代。当时的孤竹国，无论经济还是文化，都非常发达。孤竹国国君有三个儿子，其中，长子名允，字公信，幼子名智，字公达，伯夷、叔齐是他们死后的谥号。孤竹国国君生前更属意立叔齐为嗣子，以继承他的国君之位。后来，孤竹国国君去世了，按照当时的惯例，应由长子伯夷继位，但是伯夷说道：“我应该尊重父亲的遗愿，国君应该是叔齐。”提出这种想法后，伯夷就放弃了国君之位，逃到了孤竹国外。

伯夷这番操作让臣子们都傻眼了，但国不可一日无君，他们便让叔齐当新一任的孤竹国国君。这时候，叔齐的做法也同样令人震惊，

宋代李唐《采薇图》

他说："我如果当了国君，那就是于兄弟不义，于礼制不合。"叔齐居然也逃到了孤竹国外。最后大家没办法，只好推选中子继承了国君之位。

伯夷与叔齐这两兄弟感情特别好，在逃到孤竹国外后，两人又碰头了。当时商纣王非常残暴，为了躲避他的统治，伯夷、叔齐只好居住在北海之滨，与东夷人一起生活。后来他们听到"国际新闻"，说是西伯姬昌兴起，其国家稳定，社会生产发展迅速，于是兄弟俩开心地说："我们是时候从东夷回去啦！现在西伯的国内很安定，不失为养老的好地方！”于是两兄弟收拾收拾行李，就去了周国。

在去周国的路上，伯夷与叔齐遇到了周武王伐纣的大军，这时候周文王已经去世，周武王用车拉着周文王的木主，也就是牌位，奔袭商纣。这一举动让伯夷与叔齐对美好的未来有了些许失望，于是谏言道：“父亲死了却不安葬，大动干戈去打仗，这难道是孝的行为吗？身为臣子，却要去杀害国君，这难道可以算仁德吗？”周武王的侍卫觉得伯夷与叔齐两人甚是滑稽，立刻就要把他们兄弟俩杀掉，好在军师姜尚在一旁劝说：“这两个人都是讲义气的人，还是不要杀他们了。”伯夷与叔齐这才逃过一劫。

公元前1046年，周武王与商纣王大战于牧野（今河南淇县西南），周武王获得了最后的胜利，灭了商朝，建立了新的王朝——周朝。伯夷与叔齐觉得周武王的做法太无耻了，为了表示对周武王的鄙夷，以及对商朝的忠义，他们俩发誓不再吃周朝的粮食。然而有个现实问题摆在眼前，当时天下都归附了周朝，于是伯夷与叔齐只好去首

高分句子铺

饿死真吾志，梦中行采薇。——南宋政治家、文学家文天祥《南安军》

相顾无相识，长歌怀采薇。——唐代诗人王绩《野望》

圣人，百世之师也，伯夷、柳下惠是也。故闻伯夷之风者，顽夫廉，懦夫有立志。——战国时期思想家孟子《孟子·尽心下》

阳山采野菜吃。

他们吃的这种野菜，就是薇菜。在采薇菜时，他们还作了一首歌：“登彼西山兮，采其薇矣。以暴易暴兮，不知其非矣。神农、虞、夏忽焉没兮，我安适归矣？于嗟徂兮，命之衰矣。”最终，伯夷与叔齐饿死在了首阳山中。

伯夷与叔齐的故事影响深远

伯夷、叔齐与薇菜的故事听起来令人唏嘘，但他们求仁得仁、鄙薄富贵与苟活的清白高洁人格让后世钦佩不已。孔子多次在《论语》中赞颂伯夷、叔齐“古之贤人也”，“不念旧恶，怨是用希”，“求仁而得仁，又何怨”，并评价夷齐“不降其志，不辱其身”。

汉代的司马迁在《史记》中，将《伯夷列传》放在了人物列传的首篇。屈原在《九章·橘颂》中还把伯夷、叔齐作为自己为人处世的榜样：“行比伯夷，置以为像兮。”唐代的韩愈为其作《伯夷颂》。南宋的抗元英雄文天祥在被俘囚禁时写了一首《和夷齐西山歌》……此外，伯夷与叔齐的故事在朝鲜、日本、越南等国也影响深远。

于是，故事中的配角“薇菜”也被赋予了高尚清白的品格。当人们吃起这不起眼的薇菜时，它也不再是普通的野菜，而是代表人们对伯夷与叔齐的追思。

提分素材馆

薇菜还是苏东坡的“友情之菜”

古人根据薇菜叶子的宽窄、大小等特征，又将薇菜分为“大巢菜”和“小巢菜”。小巢菜除了被叫过“野蚕豆”外，还有一个很响亮的别称，即“元修菜”。这个别称的由来可是与北宋大才子苏东坡有关哦！

苏东坡有一个同乡好友，名叫巢谷，字元修。这位巢谷先生能文能武，却被迫隐居山林。或许是出于对高逸之士的敬重，他平时也非常喜欢吃薇菜。苏东坡被贬到黄州（治今湖北黄冈）时，想到自己已经离开家乡有十五年了，于是就拜托巢谷从眉州（治今四川眉山）老家带点薇菜的种子来。好朋友的这点要求，当然应该满足。后来苏东坡将巢谷带来的种子随意播撒在黄州东坡的田间地头。

黄州本地人压根儿就没见过这种菜，当薇菜长出来以后，他们就问苏东坡这个菜叫什么名字。苏东坡顿时想起了自己与巢谷的深厚情谊，灵机一动，以巢谷的字“元修”为名，直接告诉大家这种菜就叫“元修菜”，还为此写了一篇《元修菜》，详细记录了“元修菜”的来历。

槲叶：
历史上曾有人用鲜血在槲叶上作诗赋文

商山早行

唐 · 温庭筠

晨起动征铎，客行悲故乡。

鸡声茅店月，人迹板桥霜。

槲叶落山路，枳花明驿墙。

因思杜陵梦，凫雁满回塘。

真题面对面

【2023年北京中考题】

在课文中，我们读过高大的皂荚树，顽强生长的小桃树，力争上游的白杨树。树，见证岁月，寄托情感，象征精神。倘若发挥想象，在鸟儿、小草、泥土、风雨等的眼中，树也会有不同的故事，呈现不同的风采。以“我生活中的一棵树”为题作文。文体不限，诗歌除外。

考点直通车

黎明起身，车马上挂着的铃铛已经响起。这一年，温庭筠已经四十八岁了。他被辟为巡官，在离开长安赴襄阳的路上，经过商山，投宿一晚后，写下了这首诗。一路上，温庭筠想起了自己的大半辈子，青春年少时久困科场，纵使有满腹的才华也无处施展。如今年近五十，为了生计，又要被迫出为县尉。车马外，茅草店沐浴在月亮的余晖之中。黎明时分，路上还没有什么行人的足迹，只见木板桥上覆盖着寒霜。一路上，枯败的槲叶，绽放的淡白色枳花，这些场景多多少少勾起了温庭筠的愁绪。想起昨夜梦见长安的那些事儿，心绪犹如那凫雁搅乱的池水，悲苦而又烦乱。

这首诗充满诗人去国离乡的情怀，而“槲叶落山路，枳花明驿墙”一句常常会让人以为这是秋天的景色，但实际上还真不是。

万物知识点

就算叶子落了，那也不是秋天

古人远行的时候，为了安全，也为了保存体力，他们习惯在天黑之时，在途经的地方投宿一晚。温庭筠写这首诗的时候，正好路过商山。商山是一座山的名字，这座山又叫尚阪、楚山，在今天的陕西商洛。商洛、南洛一带，槲树很多。

与别的树叶不同，槲叶非常大。在冬天来临之时，槲叶虽然早已干枯，但不会掉落，而是稳稳地残留在枝上。直到第二年早春，树枝抽出嫩叶，干枯的槲叶才会纷纷脱落。很多人在读到“槲叶落山路”时，会误以为温庭筠写的是秋日景色，但实际上这是早春时节。

堪称“宝藏树叶”

说起槲叶，有关它的记载还真不少。槲叶有一个特点，它的蛋白质含量很高，古人经常用槲叶来饲养柞蚕，所以柞蚕还有个名字叫槲蚕。

除了可以喂蚕，槲叶还能包粽子。我们现代人吃的粽子大多是用芦苇叶包的，但在商洛一带，因为槲树多，槲叶又大，于是槲叶就常被用来包粽子。既然是用来包粽子，那么槲叶的气味肯定很特别。是的，没错，它有一股特殊的香气。这一点，唐代诗人李贺可以作证，他曾经赞美道：“侵侵槲叶香，木花滞雨寒。”用槲叶包裹着的粽子在煮熟之后，槲叶淡淡的香气浸入糯米之中，加上粽子里的红枣、花生、五花肉等配菜，简直就是人间美味。

或许是经过商山这段旅途在温庭筠的人生中留下了很深的印记，遍地的槲树也引起了他的注意，他在另一首诗《烧歌》中写道：“风驱槲叶烟，槲树连平山。迸星拂霞外，飞烬落阶前。”在这首诗里，温庭筠提到了槲叶的另一个用途：烧火。

古代没有天然气，也没有煤气罐，人们做饭就得燃烧秸秆或者其他可作为燃料的草木。在每年的初春时节，前一年积攒的稻草快要烧完，新一年的麦秆还没有收获，于是在这青黄不接的时候，枯败凋落的槲叶就成了随处可见的燃料。从嫩芽中抽出第一片新叶到最后作为柴火被烧掉，足见槲叶有多么强大的生命力。

有人用鲜血在槲叶上作诗赋文

在历史上，也有这么一个人，他的命运与这槲叶紧紧捆绑在一起，这个人便是明末清初“关中三李”之一的大文学家李柏。

李柏生于明崇祯三年（1630 年），据说，他出生时“赤面伟躯，器宇异常儿”。到了九岁那年，李柏的父亲过世了，他只好去酒家干活以维持生计。后来，李柏有机会去私塾读书。从上学起，他就经常说一些奇怪的话，这让他的老师、同学们都感到极为震惊。

十七岁那年，李柏干了一件大事，他读朱子《小学》，见古人嘉行嘉言，便要把案头的科举时文全部烧掉，就算是被私塾的先生怒斥惩罚也不改变。李柏对私塾先生说道：“我要学古人！”这位古人就

高分句子铺

野火烧不尽，春风吹又生。——唐代诗人白居易《赋得古原草送别》

顽强的毅力可以征服世界上任何一座高峰。——英国小说家狄更斯

习惯真是一种顽强而巨大的力量，它可以主宰人的一生，因此，人从幼年起就应该通过教育培养一种良好的习惯。——英国哲学家培根

是大名鼎鼎的陶渊明，李柏之所以对陶渊明情有独钟，完全是幼年时受到了父亲的影响。他还曾在书斋前栽种五棵柳树，以效仿陶渊明。

然而就算是要学古人，该去参加科举考试，还是得去参加，毕竟“母命难违”。二十四岁的李柏应试后，为“补博士弟子员”。在母亲去世后，李柏为母守墓三年后，便放弃了所有的功名利禄，决定隐居。

那时，正值明亡清立。历史的变幻也让李柏的人生轨迹随之改变。李柏内心有自己的坚持，他不愿意做清朝的官，于是干脆躲进林海茫茫的太白山（在陕西西南部）中，读书写文，躬耕于田园。这样的日子一过就是三十八年。在太白山中的李柏，一如他少年时的偶像陶渊明，日子过得极为清苦，但富在精神自由。

李柏虽不出仕，但才名在外，他可是与李颙、李因笃并称“关中三李”的大儒。这样一个有才华的人居然不愿意做官，康熙知道后，气个半死，这也太不给皇帝面子了吧？康熙大手一挥：“来人哪！传朕的旨意，严令陕西巡抚封锁太白山，不准纸、墨、笔传入山中！”没有笔、墨、纸，我看你李柏出不出来！

康熙不知道，昔日那个不顾劝阻，死活要烧掉科举时文的少年，如今虽已不再年轻，但他内心的清高孤傲与倔强丝毫未减。李柏依然坚贞不屈：没有笔，手指为笔；没有墨，咬破手指流出的鲜血即为墨；没有纸，这随处可见的槲叶正好可以当纸用！

当李柏用鲜血在槲叶上写的文章被呈到康熙面前时，康熙被震撼了，他对李柏的文章赞不绝口，于是他命人将其整理成集、精装成册，并题写书名《槲叶集》。或许从那时起，人们每当看到槲叶，除了知晓它的许多作用外，也会想起这位名叫李柏的隐士。他的气节与才华，永远为后世敬仰，正如秋天早已枯败的槲叶，依然坚挺地留在树枝上。

提分素材馆

温庭筠：作弊危险，请勿模仿

温庭筠很有才华。每次考试的时候，他压根儿不用打草稿，很快就能写完。他通常是把手笼在袖子里，伏在案几上，随口一咏就是一首诗，所以他有个绰号叫“温八吟”。另一个版本中说，温庭筠考试的时候，一叉手就能成一韵，八叉手就能写完一首诗，于是他还有另一个绰号叫“温八叉”。

除了写得快，温庭筠还有一个不好的“爱好”就是扰乱考场纪律，帮人作弊。只要他写完了考卷，就会帮周围的考生答卷。到了大中末年，温庭筠依然是累年不第，但帮人作弊的名气越来越大。主考官没办法，只得让这个考场捣乱分子单独在帘下考试，结果温庭筠还是不安分，他通过口授答案，居然暗中帮助八个人答卷。

据唐轶事小说集《唐摭（zhí）言》卷十一记载，温庭筠被贬谪的原因是他扰乱考场纪律。当然也有另一种说法，北宋笔记小说《南部新书》卷丁中说，温庭筠被贬谪是因为得罪了宰相令狐绹（táo）。这两种说法都较为可信，毕竟温庭筠帮人作弊出了名，而他的性情又散漫，无意间就把人得罪了。

蒌蒿：藏在《诗经》里的浪漫告白

惠崇春江晚景

宋 · 苏轼

竹外桃花三两枝，春江水暖鸭先知。

蒌蒿满地芦芽短，正是河豚欲上时。

真题面对面

【2020年浙江台州中考一模题】

班级的“野菜美食节”活动需要宣传，请你拟写一则宣传标语，并说明创意。

考点直通车

元丰八年（1085年）岁末，大才子苏东坡身在汴京（今河南开封）。当时汴京城里有一名僧人叫惠崇（也有一说叫“慧崇”），能诗善画，颇有才名。据宋人郭若虚《图画见闻志 · 花鸟门》中记载，这位叫惠崇的僧人最擅长画的是鹅、雁、鹭、鸂等，尤工小景，很多大诗人都给他的画题过诗，苏东坡也不例外。

从诗题上看，《惠崇春江晚景》就是一首题画诗。可惜的是，这幅《春江晚景》图失传了，但我们依然可以从苏东坡的诗句中感受到这拂面而来的春意。这首诗中，苏东坡写了竹子、桃花、水鸭、蒌蒿、芦芽、河豚，乍一看简直就是一桌春日宴！尤其是诗句中的“蒌蒿”，我们的语文课本里将它解释为“一种植物”，其实在它的背后，有着一连串的历史故事！

万物知识点

拥有 20 多个名字，还可以用来表白

说到蒌蒿，很多人以为它只产于江南，尤其是这句“蒌蒿满地芦芽短”更是让人坚信蒌蒿产自江南。事实上，蒌蒿历史悠久，它原产于亚洲的东部，不只是我国的江南地区，在日本、朝鲜以及俄罗斯西伯利亚的东部地区都有分布。

不过从前它可不叫蒌蒿。古人根据蒌蒿的特征、栽培特性以及食用器官名称等，先后给它起了 20 多个名字。

最初，古人称蒌蒿为“蒌”。“蒌”这个名字最早见于《诗经·周南·汉广》，其中有“翘翘错薪，言刈（yì）其蒌”这样的诗句。它描写了一个年轻小伙在丛林中采集鲜嫩的蒌蒿，想要送给心爱的姑娘。

看，蒌蒿也可以代表爱情！除了被称为“蒌”，蒌蒿还有一个称谓“购”。这个名字见于《尔雅·释草》，因为它听起来和“蒌”相似，而“购”又有“求”“取”的意思，所以就被引申为“采集”。

“蒌”的来历有了，那么“蒿”又从何说起？这是因为蒌蒿的外观形态类似蒿类植物，它的叶面是绿色的，叶背却披有乳白色茸毛，所以就有了“蒌蒿”与“白蒿”这些名字。“蒌蒿”作为正式的名称最早见于晋代郭璞对古籍《尔雅》所做的注中。到了南北朝时期，贾思勰在《齐民要术》卷十中也将它称为“蒌蒿”，此后“蒌蒿”作为正式的名称沿用至今。

与许多时令蔬菜一样，食用蒌蒿贵在一个“鲜”字

古人也是很调皮的，在有了“蒌蒿”这个大名后，他们觉得这远远不够，于是就给蒌蒿起了很多小名和绰号。比如根据谐音，古人还给蒌蒿取名为“柳蒿”“芦蒿”“藜蒿”“荔蒿”“驴蒿”“野藜蒿”等。又因为蒌蒿长得有点像艾草，于是它又喜提“香艾蒿”“小艾”“狭叶艾”“红陈艾”这些与“艾”有关的绰号。

这还不算“奇葩”，估计“蒌蒿”自己都没想过，它居然还有个名字叫“小花鬼针草”。当然，还有一些与它本身差了十万八千里的别名，如“旁勃”“蒡葧（pángbó）”。

人间有味是清欢

高调拥有20多个名字的蒌蒿，不仅清脆爽口，更具有独特的辛香气味，使古人对它颇为着迷，大概没有任何一种蔬菜会拥有蒌蒿这么高级的赞美。

古人是如何夸它美味的呢？战国时期，人们说蒌蒿好吃到可以

高分句子铺

雪沫乳花浮午盏，蓼茸蒿笋试春盘。人间有味是清欢。——北宋文学家、书画家苏轼《浣溪沙·细雨斜风作小寒》

鲈肥菰脆调羹美，荞熟油新作饼香。——南宋诗人陆游《初冬绝句》

夜雨剪春韭，新炊间黄粱。——唐代诗人杜甫《赠卫八处士》

“招魂”。这话出自战国时期的一篇名作《大招》，作者或为屈原，或为景差。它在利用美食“招魂”时，曾提到“吴酸蒿蒌，不沾薄只”。其意思是吴国以蒌蒿为原料加工成的酸菜，味道不浓不淡，甘美可口。这里的“蒿蒌”指的就是蒌蒿。

到了五代十国时期，蒌蒿又与菜䓣、菠棱并称为“三无比”，意思是蔬菜界的美味三巨头。这次给蔬菜当评委的人是南唐的户部侍郎锺谟，他对蒌蒿可谓情有独钟，宋人陶谷在《清异录》卷上中对此有所记载。正因为锺谟的极力推荐，从此，“三无比”竟然成了蒌蒿、菜䓣、菠棱这三种蔬菜的代称。

因为被广泛种植，元代的耶律楚材在追随成吉思汗西征途中，也有幸品尝到了蒌蒿的滋味。想必这蒌蒿征服了耶律楚材的味蕾，垂垂老矣的他还为蒌蒿写了点评：“一盘凉饼翠蒿新”“细剪蒌蒿点韭黄”。

既然蒌蒿这么好吃，古人除了赞美它的滋味，还很厚道地留下了蒌蒿的烹饪秘方。战国时期是将蒌蒿制作成酸菜，后到了三国时期，古人又流行起吃蒌蒿的原味。

此外，古人在春天的时候，还特别喜欢用蒌蒿来炖汤，比如清代诗人朱彝尊曾写了一首《鸳鸯湖棹歌》，其中道：“鸭馄饨小漉微盐，雪后垆头酒价廉。听说河豚新入市，蒌蒿荻笋急须拈。”从诗句中可以看出，蒌蒿与鲜笋一样，都是用来给河豚做配菜的，以此来增加菜肴口味的层次感。

在美味的同时，蒌蒿还富含营养，于是古人吃蒌蒿的习惯也就流传了下来。到了现代，蒌蒿仍然是江苏、安徽、江西以及云南等地在早春或清明前后的时令蔬菜。

提分素材馆

蒌蒿其实可以解河豚的毒

回到这首《惠崇春江晚景》，它不只是一首题画诗，也不只是一个美食指南，它是正在默默放着大招的"医食宝典"。我们都知道，河豚虽然鲜美，但有剧毒，所以古代才会有"拼死食河豚"的说法，那么河豚的毒可有解药？

其实解药就藏在诗中！清代郝懿行曾在《尔雅义疏》下一中友情提醒："盖蒌蒿可烹鱼，芦芽解河豚毒。见《本草》。"而李时珍的《本草纲目》"芦笋"条中，确实明确写到其可解河豚及鱼蟹毒，解诸肉毒。此外，"苏门四学士"之一的张耒在《明道杂志》中也提供了相关证据："余时守丹阳及宣城，见土人户食之（这里指的是河豚）。其烹煮亦无法，但用蒌蒿、荻笋、菘菜三物，云最相宜。用菘以渗其膏耳，而未尝见死者。"

万万没想到，蒌蒿除了作为配菜为河豚提鲜外，芦芽竟可破解河豚的剧毒，这还真的是给古代的吃货们服下了一粒"定心丸"。

茱萸：请问我为什么会被插在头上

九月九日忆山东兄弟

唐·王维

独在异乡为异客，每逢佳节倍思亲。

遥知兄弟登高处，遍插茱萸少一人。

真题面对面

【2014年湖北宜昌中考题】

根据提示完成下表，来一次传统节日文化的探究。

名称	时间	习俗（至少两种）	相关传说	相关古诗词句
端午节	（1）	挂艾叶、喝雄黄酒	（3）	粽包分两髻，艾束著危冠
重阳节	农历九月初九	（2）	汝南桓景登高避灾的传说	（4）

考点直通车

这首诗写于王维十七岁时，彼时这位少年独自游历于洛阳与长安之间，正在为自己的前途奔走。这天是九月九日重阳节，古人对过节向来充满仪式感，比如重阳节，古人就有登高的习俗。这场景想想都热闹非凡，充满乐趣。此时作为异乡人，从别人家门口路过时，听到那些欢声笑语，闻到诱人的饭菜香，这些生活细节足以勾起人们内心深处的乡愁。

王维当然也会想家，作为文学青年，他一想家就写诗，这与现代人有点感想就发微博、朋友圈一样。诗的前两句写的是心中所想，尤其是用了两个“异”字，更是突出了王维内心的孤独。后两句读起来居然还有点儿调皮，王维没有说自己想跟家乡的兄弟们一起登高插茱萸，而是把镜头直接切到了家乡。他想象着家乡的兄弟们在登高插茱萸的时候，忽然发现少了他一人，于是大家也都开始想念他。

只是，王维老家的兄弟们在登高时，头上插的茱萸究竟是一种怎样的植物？重阳节插茱萸又有什么特别的意义？

万物知识点

茱萸有三种，王维兄弟头上插的是哪种

茱萸有三个品种，分别为山茱萸、食茱萸和吴茱萸。我们常常看到的，多为山茱萸。早春时节，其他万物还没有复苏时，山茱萸就会开出满树的小黄花。到了秋日，山茱萸会结出满树鲜红的小果实。这些小果实圆润可爱，一串一串地挂在枝头，简直是茱萸界的颜值担

当。它们的果肉还可以入药，也就是“萸肉”。

那么，王维老家的兄弟们重阳节头上插的莫非就是山茱萸？不是。山茱萸的气味与它的长相一样，没有丝毫攻击性。晋代周处《风土记》记载：“俗尚九月九日谓为上九，茱萸到此日气烈，熟色赤，可折其房以插头，云辟除恶气而御初寒。”由此可见，古人插在头上的茱萸气味极为浓烈，而山茱萸从气味上讲，就与古人的记载不符。

那么是食茱萸吗？食茱萸还有一个别名，即椿叶花椒。这个名字听起来就非常浓烈，它的长相更“烈”。食茱萸的外表长得张牙舞爪，枝干上分布着尖刺，鸟看着都发怵，所以它还有一个绰号“鸟不踏”。

这样一个看起来不好惹的植物，它的气味非常浓烈。你能想到吗？在辣椒传入中国以前，古人想吃点川菜，食茱萸居然是主要的辣味香料。据《本草纲目·果部·食茱萸》记载，茱萸“味辛而苦”，通常在八月被采摘下来，“捣滤取汁，入石灰搅成，名曰艾油，亦曰辣米油。始味辛辣蛰口，入食物中用”。只是食茱萸在古人的餐桌上并没有出现太久，因为它多为野生，且不易采摘，浑身都是尖刺，处理起来十分麻烦。于是在明代辣椒传入中国以后，食茱萸在厨房的使命就已完成了。

还剩下一个吴茱萸没被点名。没错，王维老家的兄弟们头上插的就是它——吴茱萸。吴茱萸与食茱萸同样有着浓烈的气味，但食茱萸是辛香味，而吴茱萸的气味极为芳香浓郁。曹植在《浮萍篇》中如此赞美道：“茱萸自有芳，不若桂与兰。”这是因为吴茱萸属于芸香科植物，全株都有着特殊的香气，古人认为这种香气具有“辟邪”、杀虫的功效。对此，《本草纲目·果部·吴茱萸》中也有所记载。由此可见，古人重阳节插在头上的茱萸极大可能就是吴茱萸。

重阳节头上插茱萸的习俗，是谁想出来的

既然弄清楚了王维老家的兄弟们头上在重阳节插的是哪种茱萸，那么下一个问题来了：在头上插茱萸这件事，究竟是谁想出来的？

南朝梁的《续齐谐记》记载了一个发生在东汉时期的神奇故事。据说当时有一个很有名的算命先生，叫费长房，他的特长是能帮人推算祸福。大概是他推算出来的事应验了不少，于是就有人前来拜师学艺，汝南人桓景就是其中之一。某一天，费长房把桓景拉到一边，面色凝重地说：“徒儿啊，师父要跟你说件正事。今年的九月九日那一天，你家中会遭灾，你需要马上赶回家去。”桓景被师父的话震惊了，没想到天天帮别人占卜，这会儿居然占卜到了自己头上，但毕竟费长房的可信度高，于是桓景决定信他一次。

高分句子铺

睥睨三层连步障，茱萸一朵映华簪。——唐代诗人卢纶《九日奉陪侍郎登白楼》

尘世难逢一笑，况有紫萸黄菊，堪插满头归。——南宋理学家、教育家朱熹《水调歌头·隐括杜牧之齐山诗》

当桓景决定回家时，费长房又叮嘱他："记住，你回家以后，若是想避免这场灾祸，就让你的家人们制作几个红色的布袋子，然后在里面装满茱萸。这些装满茱萸的红色布袋一定要系在他们的胳膊上。最后，你要带着他们爬到山上去，登上山顶后，喝下菊花泡的酒，就可以避免这场祸事了。"

桓景回家后，说服了家人，一一照做。等到傍晚爬到山顶，喝完菊花酒后，桓景带着一家人回到家，发现家里养的鸡、狗、猪、牛、羊等家禽牲畜全部死掉了。费长房知道了桓景家的遭遇后，说道："原本应该遭殃的是你的家人，但因为你照做了，所以这些家禽牲畜代替了你的家人遭了灾。"当这个带有迷信色彩的故事被广泛流传后，九月九日佩戴茱萸的习俗也就渐渐兴起了。

除了志怪小说，《西京杂记》卷三中对茱萸也有记载："九月九日，佩茱萸，食蓬饵，饮菊花酒，令人长寿。"这是因为在中国的传统文化中，"九"是阳极之数，古人认为九月九日是一年中阳气最旺盛的日子，也就是所谓的"阳顶天"。在这样的日子，登上高山，来到与天最接近的地方，呼吸一口最新鲜的空气，再来杯菊花酒，头上插的茱萸散发着浓烈的香气，心里也会觉得接下来的一年必定会健康平安。

在重阳节这天，茱萸除了被插在头上外，它还会出现在古人的餐桌上，它的果肉还可以用来泡酒。南宋周密的《武林旧事》卷三中记载："都人是月饮新酒，泛萸、簪菊。"

此外，茱萸在古代还充当了消毒液的角色，据北魏的《齐民要术》卷四记载，它还能用来给井水消毒，净化水质。

万万没想到，这么不起眼的茱萸，居然有这么多的功效与用处，难怪古人对它爱得深沉。

提分素材馆

王维的“山东兄弟”

《九月九日忆山东兄弟》这首诗的主题很显然是王维在思念家乡，但王维的家乡在河东蒲州，也就是今山西永济等地，那他为什么说自己思念的是“山东兄弟”呢？其实这里的“山东”，不是我们现代以太行山为参照物，而是以华山为参照物，王维的家乡蒲州在华山的东面，所以诗歌题目中为“山东兄弟”。

要说王维的“山东兄弟”，肯定不止一个，但与他感情最好的莫过于他的弟弟王缙。在年少之时，王维经常与王缙一起游历长安、洛阳。在安史之乱被平定后，王维因为做过伪官而受到了朝廷的处罚。王缙担心他的安危，于是请求削官为他赎罪。当王维任尚书右丞时，他想回归山水田园，他又去求皇帝，尽管削他的官职，以换取弟弟王缙能在京任职。

写这首诗的时候，王维才十七岁，弟弟王缙应该还没有出仕。想必王缙当时在家乡登高望远，与其他兄弟嬉闹着插茱萸时，一定想起了他的哥哥王维。

第三辑

自然永恒

雷电：我的嘶吼与呐喊是想让万物生长

己亥杂诗（其一百二十五）

清·龚自珍

九州生气恃风雷，万马齐喑究可哀。

我劝天公重抖擞，不拘一格降人材。

真题面对面

【2023年高考上海卷题】

一个人乐意去探索陌生世界，仅仅是因为好奇心吗？

请写一篇文章，谈谈你对这个问题的认识和思考。

考点直通车

诗人龚自珍生活在一个风雨飘摇的时代，当时的清王朝正在走下坡路。他清醒地意识到闭关锁国的政策行不通了，于是他积极主张改革以除时弊，抵御帝国主义的侵略，还大力支持林则徐禁烟。然而龚自珍的这些举动与当时的官场格格不入，他在朝廷中受到排挤，最终因“动触时忌”，于道光十九年（1839 年）辞官回老家。在回乡路上，龚自珍只要有点感想就写上几笔，写完用手一折，扔进随行的竹筐里。这些被扔进竹筐的小纸条以及他有感而发写的一些诗歌，共有 315 首，后来被集为《己亥杂诗》。前文这首诗写于龚自珍路过镇江之时，是应道士之请而写的祭神诗。

龚自珍的爱国情怀至今都让我们感到震撼，而诗歌第一句中的“风雷”，指的是一场惊天动地的社会变革。那么诗人为什么要选择“雷”这个意象呢？古人眼中的“雷”到底是什么样的？

万物知识点

雷与闪电：神一样的剧情，全靠古人的脑洞

雷在世间万物中最有震撼力，它总是威风凛凛地从天而降，可谁能想到，如此彪悍的雷竟是闪电的副产物。它的存在是因为天空中有两朵积累着足够电荷的积雨云，且正负极电荷积攒在云朵的两边。当两朵带着异性电的云相接近时，就会因为放电而发出巨大的声响，这个声响就是雷声。雷声有时又快又尖，猝不及防就是一声炸响，这种雷声是由云对地闪电产生的，中间没有什么阻碍而直接传播到我们的耳边。也有一种雷声，又闷又长，它连续发出声响，仿若在沉重地喘息与嘶吼。这种雷声往往是云中闪电的产物，因为爆炸形成的声波在

云层内反复地反射，互相干扰。

这是现代人的科学解释，古人可不这么想。毕竟打雷挺恐怖的，古人又没办法让雷“闭嘴”，出于内心的恐惧，古人就把雷想象成了天上的神仙。他们渐渐地认为，打雷闪电是天上的神灵干的，于是就将打雷这一自然现象进行神化，并且对雷充满敬畏与崇拜，尊称它为“雷公”“雷神”。当天空中发出雷声，古人理解为雷公手持的雷鼓发出了声响，或是锤锲发出的声音。在一些神话中，人们还将雷声描述为雷公在“砰砰砰”捶肚皮。

至于雷公、雷神长什么样，古人的想象力也是非常丰富的。在《山海经·海内东经》里，雷神是龙身人头，当他的肚子鼓起来时，就会发出雷声。汉代王充《论衡·雷虚》中描述汉代的雷神长着一张大力士的脸，平日里左手拿着鼓，右手拿着椎，人们听到雷声的时候，就是他在击鼓。《太平广记》卷三百九十三引《广异记·欧阳忽

古人对雷充满敬畏与崇拜

雷》的记载，称雷神的形象为蛇形。《搜神记》卷十二中的记载更过分了，说雷神长得像猕猴。

一旦打雷下雨，古人就说雷公电母吵架了

当雷神、雷公在古人心中有了具体的形象，被人格化以后，古人居然给雷神找来了儿子，称其为“雷神之子”，比如我们熟悉的伏羲、黄帝，古人将他们都归为雷神的儿子。而在古人对科学知识的了解更进一步后，他们意识到打雷闪电几乎是同时进行的，于是古人又大开脑洞，成了“仙界”的编剧。在古人看来，闪电是因为“玉女投壶，天为之笑则电”。神话传说中，东王公与玉女在天上投壶玩，每当投不中的时候，上天就会笑，这笑声就是闪电声。为此，“天笑”还成为雷电的一个别称。另一个“小剧场”更好玩，古人认为闪电是雷神在天空中甩动的神鞭。比这更夸张的剧情还有，《淮南子·原道训》记载：“电以为鞭策，雷以为车轮。”古人认为雷神有私人座驾，那辆座驾就叫“雷车”，打雷闪电都是因为雷神正在用车。

大概是古人觉得打雷闪电总是同时发生，起初他们将闪电归为雷

高分句子铺

太山在前而不见，疾雷破柱而不惊。——北宋文学家、史学家欧阳修《六一居士传》

良心平静，在雷声中也睡得着。——英国历史学家托马斯·富勒

神的附属神祇，如屈原在《远游》中称：“左雨师使径侍兮，右雷公以为卫。”后来古人又很亲切地将闪电称为“电父”，如清代钱大昕《十驾斋养新录·电父》条考辨：“今人称电神曰电母，古人则称电父。”唐宋时期，不知道为什么，古人给闪电换了性别，或许他们觉得雷公不能一直单身，干脆就将形影不离的闪电“许配”给他吧！就这样，在古人的“撮合”下，成全了“电母雷公”这桩好姻缘。很多诗人都在诗句中提到过，如唐代崔致远“使电母雷公，凿外域朝天之路”，宋代苏东坡“麾驾雷公诃电母”……再往后，一旦打雷下雨，古人就说：“雷公电母吵架了。”

作恶多端的人，小心被雷劈

正因为打雷闪电有这么多的故事，古人对雷电的崇拜与信仰也越来越深。当现代人遇到一些“奇葩”的人和事的时候，大不了在社交软件上写篇小作文吐槽一下，或是拉上好朋友偷偷说上几句坏话，但古人就不同了，他们还是选择当个“编剧”，编个故事吓对方。这种时候，能发出巨大声响，超有震慑效果的雷公就被邀请出场了。

比如《夷坚志》甲卷三《熊二不孝》中记载，有一个不孝顺的逆子叫熊二，他居然将年迈的父亲赶出家门，让他出去讨饭吃。这位可怜的老父亲很想去官府告儿子，但又不忍心，于是每天都在外面祈求神灵，希望熊二能够回心转意赡养他。熊二对此不理不睬，继续吃喝玩乐。某天，熊二聚众赌博，正赌得起劲，忽然间电闪雷鸣，狂风暴雨，熊二当场被雷神劈死了。雷神不仅将他劈死，还在他的背后写了四个字——“不孝之子”。为了增加故事的可信度，这个故事的作者还在文末写上了日期：淳熙三年（1176年）九月七日。

类似的故事还有许多许多，几乎所有的故事开头都一样：“从前有一个坏人……”这个坏人有可能是个不孝子、是个毒妇、是个黑心肠商人、是个贪官等，他们作恶多端，最后只有一个下场：被雷劈死。

就算有神一样的剧情，古人也一直走在追求科学真相的路上

事实上，古人对雷电早就有了一定的认识。除了甲骨文、金文、小篆的字形能体现出古人对雷电有着基本的理解外，一些史料更是明确记载了古人对雷电产生的观点。先秦时期，古人认为雷电是摩擦生成的，比较有代表性的如《庄子·外物》中认为“阴阳错行，则天地大絯，于是乎有雷、有霆”。古人说的“阴阳”正对应现代人的“正负极”，可以说观点非常超前。

到了汉代，王充对打雷闪电有了非常明确的解释。《论衡·雷虚》记载：雷者，太阳之激气也，何以明之？正月阳动，故正月始雷。五月阳盛，故五月雷迅。秋冬阳衰，故秋冬雷潜。”王充不仅能理解打雷闪电的原理，还对每个季节的雷电都有了精细的观察，这种科学精神无论是在古代还是在现代，都难能可贵。此后，宋代的朱熹、陆佃，元末明初的刘伯温等，都对雷电进行了研究。同时，古人还根据雷电形成的原因以及它的特点，采取了一系列防雷灾措施。古人还

总结了许多与雷有关的谚语。

没想到天上那超级具有震慑力的雷电居然与古人发生了这么多故事，难怪龚自珍希望能有一记响雷来唤醒正在走下坡路的清王朝，让他身处的一切黑暗都重新来过。

提分素材馆

二十四节气中的“惊蛰”

在二十四节气中，惊蛰是第三个节气。时至惊蛰，人们会明显感觉到气温回升，雨水增多，阳气上升，世间万物都生机盎然。惊蛰原本叫“启蛰”，后来为了避讳汉景帝的名字“刘启”，“启蛰”就变为了“惊蛰”，沿用至今。“蛰”指正在冬眠的虫子，一般虫子在冬眠的时候都藏起来不吃也不动。到了惊蛰时分，春雷响起，蛰伏在地下冬眠的虫子感知到了气温回升，于是爬出来产卵，开启新的一年。对此，古人多有记载，如西汉礼学家戴德的《大戴礼记·夏小正》记载：“正月启蛰，言发蛰也。”元代吴澄的《月令七十二候集解·惊蛰》记载：“万物出乎震，震为雷，故曰惊蛰。是蛰虫惊而出走矣。”唐代的刘长卿更是用一句诗精准而生动地对此进行了描述：“忽闻天公霹雳声，禽兽虫豸（zhì）倒乾坤。”（《惊蛰》）

古代劳动人民极为重视惊蛰这个节气，将它视为春耕的开始，有谚语道：“惊蛰春雷响，农夫闲转忙。”

梅雨与霉雨：究竟谁才是真相

约　客

宋·赵师秀

黄梅时节家家雨，青草池塘处处蛙。
有约不来过夜半，闲敲棋子落灯花。

真题面对面

【2023年四川乐山中考题】

《昆明的雨》描绘出一个“明亮的、丰满的、使人动情的”雨季，作者汪曾祺说：“我想把生活中真实的东西、美好的东西、人的美、人的诗意告诉人们,使人们的心灵得到滋润，增强对生活的信心、信念。同学们，相信你生活中也有真实的东西、美好的东西，也有人的美、人的诗意。请拿起手中的笔，写一篇文章，告诉读者吧。

考点直通车

这首《约客》很典型，充满日常生活的气息。此刻，我们可能会坏笑一下，很显然，诗人赵师秀被朋友“放鸽子”了。当时正值黄梅天，阴雨连绵，池塘里长满青草，青蛙们正在此起彼伏地乱叫。这时，赵师秀还是对朋友抱有一丝幻想，觉得他会来，没想到这位朋友实在不靠谱，过了午夜，连人影都没出现。赵师秀有点郁闷，他百无聊赖地敲着手里的那颗棋子，结果无意间震落了灯花。诗歌的开头就提到了“黄梅时节家家雨”，我们听说过桃花雨、杏花雨、荷花雨以及清明时节的雨，甚至还有狂风暴雨、闪电雷雨等，那么黄梅时节的雨是什么雨？为什么诗人说“家家雨”？相比于其他的雨，它能有什么特别之处？

万物知识点

梅雨与霉雨

“梅雨”这个名字源于江南的梅子。梅子在尚未成熟的时候是青色，到了六七月，梅子已经完全成熟了，它也从青梅变为了黄梅。诗人赵师秀在诗中称“黄梅时节家家雨”，这时候正是梅子成熟之时，也正因此，这段时期的天气现象就被称为“梅雨”。

梅雨与其他的雨不同，它是江南地区独有的天气现象。早在汉代，应劭（shào）在《风俗通·佚文·嘉号》中就有“五月，有落梅风，江淮以为信风。又有霖霪，号为梅雨，沾衣服，皆败黦（yuè）”的记载。应劭对梅雨有最切身的体会：一是梅雨发生在夏天到来之时；二是梅雨时，异常闷热，身上总是会有黏腻的汗，动辄就会弄脏衣服。初唐徐坚等编撰的《初学记》卷二中也提到了梅雨：“梅熟而雨曰梅雨（江东呼为黄梅雨）。”可见很早以前古人就对“梅雨”非常熟悉了。

说起梅雨，总会让人想起充满诗意的烟雨江南，但要是让那个觉得有诗意的人在梅雨季的江南待上十天半个月，估计他立刻就会改变主意，再也不夸梅雨。是的，在一些江南人心中，梅雨简直就是臭名昭著。这是因为在梅雨时节，几乎见不到太阳，天气闷热潮湿，不管走到哪里，都能感觉到一股黏腻的潮气。若是家中潮气大，那么家具、衣服、书本、食物等都会发霉，同时这种环境极容易滋生细菌与蚊虫，被梅雨整疯了的古人干脆给它改掉了一个字，直接称其为“霉雨”。

梅雨究竟是怎么形成的呢

为什么到了这个时间点，南方很多地方像是约好了一样下雨呢？

本质上，梅雨是一种锋面雨。在夏天来临之时，大气中的冷气团与暖气团相遇后，它们“针锋相对”的交界面被称为锋面。在这两个气团 PK（对决）的时候，暖气团直接跑到了锋面的上端，冷气团就只能在锋面的下端。在暖气团跑到冷气团上面的过程中，空气中的水汽冷却凝结了，形成的降雨就被称为锋面雨。

锋面雨的特点一是水平范围大，常常沿着锋面呈现带状分布；特点二是持续时间长。同时，因为层状云上升的速度小，含水量和降水的强度就小，有些纯粹的水云很少发生降水，有降水也只是毛毛雨，这就是梅雨时节的雨总是一会儿下、一会儿停的原因。不过，由于锋面雨持续时间长，所以梅雨季会持续很长一段时间，通常 20 天左右，这就形成了诗人所说的“黄梅时节家家雨”现象。

诗人眼中的梅雨

梅雨忽停忽下，反复无常，持续时间久了，还会让家中器物发霉，但这样的梅雨季在古代诗人的眼里有着独特的美感。

南北朝时期的文学家庾信曾经在梅雨天非常认真地观察了梅子逐渐成熟的过程，连绵的梅雨压根儿没有影响到他的兴致：“朱帘卷丽日，翠幕蔽重阳。五月炎蒸气，三时刻漏长。麦随风里熟，梅逐雨中黄。”（《奉和夏日应令》）杜甫也觉得梅雨不错，他写了首诗，诗

梅雨忽停忽下，反复无常，给路上的旅人带来了不少烦恼

题就叫《梅雨》：“南京犀浦道，四月熟黄梅。湛湛长江去，冥冥细雨来。茅茨疏易湿，云雾密难开。竟日蛟龙喜，盘涡与岸回。”当然也有官场失意的人，比如柳宗元。在被贬到柳州之时，他也写了一首《梅雨》：“梅实迎时雨，苍茫值晚春。愁深楚猿夜，梦断越鸡晨。海雾连南极，江云暗北津。素衣今尽化，非为帝京尘。”官场的失意、前途的迷茫都融入连绵不断的梅雨中。

诗人眼中的梅雨有着江南烟雨的美感，而对平日劳作的农民，梅雨季来临后，他们可以暂时将农事放下，享受一下梅雨带给他们的难得的逍遥与闲适。这种感觉相当于放了一个 20 多天的“年假”。宋代的邓肃曾写道：“一天梅雨乱缤纷，二陆超然乐事并。师命炙牛携越妾，相如涤器对文君……”南宋文学家袁燮（xiè）更直接，他也写了一首《梅雨》：“江乡梅熟雨如倾，茅屋低头困郁蒸。小小闷人人莫厌，解教禾稼勃然兴。”能够在繁忙的农事中得到一段时间的休息，这种快乐岂是下雨就能剥夺的？

据说古代还有在梅雨天贮藏梅雨的习俗。在落梅雨时，用一只瓦

高分句子铺

低飞绿岸和梅雨，乱入红楼拣杏梁。——唐代诗人郑谷《燕》

你是四月早天里的云烟，黄昏吹着风的软，星子在无意中闪，细雨点洒在花前。——现代女作家、建筑学家林徽因《你是人间的四月天——一句爱的赞颂》

瓮收集梅雨，后密封贮藏，埋入地下，待到来年煮新茶吃。

梅雨的多变，让方苞、姚鼐两位文学大咖抬杠

这样看来，并不是人人都会骂梅雨是“霉雨”，这不有人赏雨，有人放假，还有人收集梅雨时节的雨水，但你听说过为了梅雨大吵一架的吗？这两个人都是文学大咖，还是好朋友，他们就是桐城派的方苞与姚鼐（nài）。那是在清乾隆年间，方苞与姚鼐两个人约着一起喝茶聊天，不知道怎么回事，这两个人聊到黄梅雨就抬起杠来。方苞说出赵师秀的诗句“黄梅时节家家雨”。姚鼐心想：“就你会背诗？我马上就找出另一句反驳你！”随后姚鼐就抛出了曾几《三衢道中》里的“梅子黄时日日晴”。搬完了诗句，方苞跟姚鼐继续抬杠，你一句我一句，争得面红耳赤，在一旁的店主“吃瓜”已经吃够了，担心这两个人争到最后打起来，于是走到他们两人中间：“客官们，听我说一句，‘熟梅天气半晴阴’。”店主用宋人戴复古的《夏日》平息了两位文学大咖的争辩，深藏功与名。

方苞引用的“黄梅时节家家雨”是我们常见的梅雨景象，而姚鼐引用的“梅子黄时日日晴”是梅雨季节“空梅”“短梅”现象。通常，“短梅”是因为梅雨时节的雨水量不够，难得下一两场大雨；“空梅”则是几乎不下雨，大多数日子都很晴朗，早晚还很凉爽。当然也有一些极端天气，比如“特长梅雨”“早梅雨”“迟梅雨”，因此古代有一句歇后语：“六月的天——变化无常。”你以为梅雨季过

去就平安了？不是，有时梅雨还会在你以为彻底与它告别之时，杀个回马枪，再给你来一段“倒黄梅”。

看来，梅雨时节的天气还真是复杂。只不过，越是麻烦、越是复杂的事物，只要用心去体会，就总能发现它的美，你看关于梅雨季如何寻找乐趣，古人不就教我们了吗？

提分素材馆

梅子原来是古代的调味品

江南的六月阴雨连绵，然而这么糟糕的时间正是梅子成熟的季节。提起梅子，我们就会自动分泌唾液，毕竟它酸酸甜甜的滋味令人回味无穷。我们现代人吃梅子是为了开胃或者解馋，而在古代，酿醋工艺没有出现以前，古人想要吃点酸的，那就得靠梅子了，尤其是还没有成熟的青梅。它可是当时与盐、酒并称的三大调味料之一哦！

《尚书·商书·说命下》记载：“王曰……若作和羹，尔惟盐梅。”这句话的意思很好理解，就是把治理国家比作烧一锅“羹汤”，君王是“羹汤”，臣子就是调味料“盐梅”。在《左传·昭公二十年》中，晏子也曾经用“盐梅”和“羹”来比喻自己与齐侯的“和而不同”。除了文字记载外，古代一些墓葬里也发现了梅子的痕迹。比如出土的商周时期的铜鼎、陶罐等器皿中就曾发现了兽骨、鱼肉中混着梅子。更有意思的是，曾侯乙墓中还出现了一个青铜制的盘，盘子中有一条鱼，考古学家在鱼骨里居然看到了梅子的核。可见在酿醋工艺出现之前，梅子始终在古人的厨房里占据着重要的地位。

泰山：我为何会成为五岳之首

望　岳

唐 · 杜甫

岱宗夫如何？齐鲁青未了。

造化钟神秀，阴阳割昏晓。

荡胸生曾云，决眦入归鸟。

会当凌绝顶，一览众山小。

真题面对面

【2022年江苏南充中考题】

春花艳，秋月明，峨眉秀，泰山雄，校园晨光，乡村夕照……风景无时不在，无处不在，有的引人遐想让人愉悦，有的给人启迪催人奋进，有的……请以“________的风景”为题目，写一篇文章。

考点直通车

唐玄宗开元二十三年（735年），杜甫到洛阳去考进士，结果没考上。那时的杜甫才二十三岁，他有点郁闷，有点不甘，但他决定先给自己放个假，毕竟读万卷书重要，行万里路也很重要。次年，杜甫向北出发，漫游了齐、赵（今河南、河北、山东等地），这首大名鼎鼎的《望岳》就是他在漫游途中所作。

在这首诗里，杜甫描绘了泰山神奇秀丽的景色，赞美了泰山高大磅礴的气势，流露出对祖国大好河山的热爱。当他站在泰山山顶，望着眼前气象万千的景致，落榜的苦闷和对前途的担忧都随之消散，一股豪情壮志在心底油然而生。杜甫被泰山的雄伟巍峨深深震撼了，他决定从此要做一个"穷则独善其身，达则兼济天下"的人。既然要成为这样的人，那么就必须不怕困难、敢于攀登，要有雄心壮志与气概。在诗情达到顶峰的时候，杜甫写下了这首《望岳》，诗句中没有一个"望"字，却能给人以身临其境的感觉。而这首诗的主角泰山被称为"五岳独尊"，自古以来就备受帝王与文人墨客的尊崇与喜爱，想必古人在欣赏它的巍峨壮美时，也一定与它发生过许多有趣的故事。

万物知识点

为什么杜甫不写"泰山夫如何"

早在远古时期，泰山又称大山、太山。"大"在甲骨文与金文中都能见其形，读音为 tài。到了春秋时期，古人将它改名为泰山，最早见于《诗经·鲁颂·閟宫》："泰山岩岩，鲁邦所詹。"其中"泰"的意思是极大、通畅以及安宁，也就是说古人认为泰山是最大的山，可以通天的山，也是最安稳的山。那么问题来了，“泰”字这么好，为什么杜甫不写“泰山夫如何”，偏偏要写“岱宗夫如何”呢？

这是因为泰山在古代又被称为“岱山”“岱宗”。东汉泰山太守应劭辑录的民俗著作《风俗通义·山泽·五岳》中解释道：“岱者，长也。万物之始，阴阳交代，云触石而出，肤寸而合，不崇朝而遍雨天下，其惟泰山乎，故为五岳之长。”虽说泰山在五岳之中，高度排第三，但因为它位于我国东部，屹立于海拔较低的齐鲁丘陵和平原地带，在平原仰望泰山的时候，视觉上冲击很大，给人以拔地通天、直冲霄汉的感觉，于是泰山又有着“五岳独尊，雄震天下”的地位。

从泰山的名字、美誉都可以看出，古人对泰山充满敬畏与崇拜，认为它是万物的开始、阴阳交替之处，于是古代帝王也把目光瞄向了它。我们常常会在一些历史剧中看到古代帝王在登基后要举行封禅（shàn）大典，然后镜头就切换到了山顶之上，帝王带着一大拨官员、随从伴随着震撼的背景音乐一步一步向上走去。电视剧里的这个情节就是封禅大典，而泰山的山顶就是封禅大典举行的地方。

泰山是古代帝王的封禅之地

舜做部落首领时，按例五年巡封一次天下。他一次东巡的时候，登上了泰山的极顶，亲手烧起了柴。浓烟直冲云霄，与山顶缭绕的云气混为一团。舜对着天空大吼一声：“我要代天理民，为天远行，替

泰山因“封禅”而“尊”：“封”，就是在泰山极顶筑坛以祭天；“禅”，就是在泰山附近小山筑坛以祭地

天行道，愿天护佑！”随后，舜又向四面八方遥望，四方部落将领也分别登上境内的高山向泰山遥祭，这就是“望秩山川”。这个场景后被称为“柴望”。

或许是“柴望”这种仪式给了后来的帝王一些灵感，于是在战国末年，齐国创立了“封禅说”，赋予了泰山天命转换、改朝换代的政治意义。

秦始皇统一中国后，登上泰山的山顶举行封禅大典。他的这次封禅大典相当隆重，完全按照“五德始终说”举行了仪式。“五德”，即土、木、金、火、水，而“五德始终说”是指将这五种德性周而复始地循环运转。这种说法是战国时期齐国的阴阳家邹衍发明的，他称每个朝代都有与五行相对的德。

百余年后，汉武帝登上泰山，像一个没有见过世面的人一样，对着泰山露出“迷弟”的“痴相”，震惊地赞叹道：“高矣！极矣！大矣！特矣！壮矣！赫矣！骇矣！惑矣！”这几个字足以体现汉武帝对泰山的崇拜与赞美，而这位汉武帝，一生中曾八次登临泰山。往后，古代帝王登基后去泰山封禅就成了一个必要的仪式，而这个仪式也是向天下宣告改朝换代，天下由大乱走向大治。

谁能想到如此庄严的封禅仪式，结束于宋代的一场闹剧。当年宋真宗为了维护自己的统治地位，居然跑到泰山，借封禅之名，乱搞迷信活动，还加封“天仙玉女碧霞元君”，建昭真祠（今碧霞元君祠）来进行祭祀。这一搞，封禅活动失去了一统天下的象征意义，从此封禅之礼也就结束了。此后元、明、清三朝，只派使臣前去祭祀泰山，通常也就是祈求风调雨顺。

泰山石敢当：古人用来“镇宅辟邪”的宝物

泰山在古人的心里如此神圣威严，于是关于泰山的鬼神传说越来越多，古人坚信泰山上有许多神仙，而且基本上都以女神为主。南北朝时期，道教学者、炼丹人陶弘景撰写了一部《真灵位业图》，他在文中将神仙分为七个阶层，太真、元君等女真人就是泰山女神。这些泰山上的神仙有一个共同的特点，他们都能与上天沟通，上承天意，下安民心。渐渐地，泰山上的神仙成为古代文人进行文学创作的对象，比如曹植、王勃、顾况等都曾在他们的诗文中提到“玉女”“太真”“元君”。当然啦，古人认为法力最厉害的是泰山神，他是泰山的主人，有超人的法力，镇守着东方。古代帝王在泰山封禅，都要祭祀泰山神，这样就能保佑国泰民安，五谷丰登，风调雨顺。

泰山再有灵性，人们也不可能住在泰山上，据传汉武帝在登临泰山的时候，灵机一动：“既然泰山不可能搬回去，那不如带点泰山的石头走吧！”于是汉武帝就选了四块泰山石，回去后放在了未央宫的四个角落。他迷信地认为泰山石具有泰山的灵性与仙气，放在宫殿里必能“辟邪保平安”。上行下效，老百姓也认为泰山石可以保佑家宅，于是他们也在房屋的地下埋石头，用来“镇宅”。

高分句子铺

泰山崩于前而色不变。——北宋散文家苏洵《心术》

太山不让土壤，故能成其大；河海不择细流，故能就其深。——秦代政治家、文学家李斯《谏逐客书》

如此一来，泰山石就不再是普通的石头了，它被人格化了，有了“石敢当”之名。关于“石敢当”，最早的文字记载见于西汉史游的《急就篇》卷一：“石敢当。”唐代颜师古注：“卫有石碏（què）、石买、石恶……敢当，所向无敌也。”后世学者直接将其考证为“姓石的勇士”，“石”为姓氏，“敢当”就是所向无敌，它还有一个亲切的名字，叫“石将军”。

古代有一传说称姜太公就是“泰山石敢当”。传说姜太公封神，封到最后把自己忘记了，于是只好自封为“泰山石敢当”。除了姜太公就是“泰山石敢当”这个版本外，也有传说称“石敢当”是五代时期人，他住在泰山上，是一位英勇过人的壮士，平日里以狩猎、打柴为生。老百姓一旦遇到危险的时候，他就会挺身而出，出手相助。此外，民间还称“石敢当”是泰山神手下的一名神将，以勇猛、疾恶如仇闻名。

到了明清时期，随着泰山石敢当的传说流传越来越广，民间流行着“石敢当”与“泰山石敢当”，有些还会在石头上刻上“石将军”“石大夫”。在清代以后，基本以“泰山石敢当”为主。当然，不管这些石头来自哪座山，都不会刻上如“黄山石敢当”“华山石敢当”这样的字，可见泰山在古人心中神圣而又崇高的地位。现如今，泰山石敢当习俗已经成了第一批国家级非物质文化遗产代表性项目，而相关习俗也流传到了东南亚各国，以及朝鲜、日本、韩国、欧洲等地。

提分素材馆

猜猜“老泰山”是什么意思

泰山历史那么悠久，但别人提起它的时候，也没有加个“老”字，倒是有一种称谓叫“老泰山”，那么这个称谓究竟是称呼谁的呢?

这与古代封禅有关。据唐代段成式《酉阳杂俎》卷十二记载，开元四年（716年），唐玄宗李隆基去泰山封禅，命宰相张说拟随员名单。因参加封禅的官员回朝后都可以官升一级，张说存私心，名单中便有自己的女婿郑镒。郑镒回朝后官阶由九品升至五品。玄宗见到后，疑惑他官阶为何升这么快?这时候，宫廷里的一个艺人在一旁讽刺道：“此泰山之力也！”

不过“此泰山之力也”这个梗算是留下了。从宋代开始，古人就称呼自己妻子的父亲为“泰山”。泰山又称“东岳”，是五岳之长，于是古人又转而把妻子的父亲称为“岳”“岳翁”“岳父”“岳丈”，而妻子的母亲被称为“岳母”。所以，“老泰山”这个称谓指的就是我们现代人所谓的岳父。

长江：春天的江水究竟是什么颜色

忆江南

唐·白居易

江南好，风景旧曾谙。日出江花红胜火，春来江水绿如蓝。能不忆江南？

真题面对面

【2022年四川遂宁中考二模题】

同一事物在不同诗人的笔下往往显示出不同的色彩。如同样是描写长江，杜甫在《登高》中写道“＿＿＿＿＿＿＿＿”，苏轼在《念奴娇·赤壁怀古》中的勾画则是“＿＿＿＿＿＿＿＿”。

考点直通车

唐穆宗长庆二年（822年），白居易上书直言进谏当时河北的军事，建言没被采用，他请求到外地任职。七月被任命为杭州刺史，他十月到任。远离京城的白居易到了杭州后，不改初心，为当地的老百姓做了很多事情，比如修筑西湖堤防、疏浚六井等，深受杭州百姓的尊重与爱戴。824年到825年，白居易短暂地任太子左庶子分司东都，还在洛阳买了房子。825年，他又被任命为苏州刺史。一年后因病辞职，白居易就叫上他的好朋友刘禹锡，两个人相伴在扬州、楚州（治今江苏淮安）一带漫游。

在江南为官、漫游的日子成为白居易最美好的回忆，而江南的胜景也早就刻在了他的心里。当白居易回到洛阳十二年后，年已六十七岁的他还是对江南念念不忘，于是写下了三首《忆江南》，前文这首词是其中的一首。江南的美景数不胜数，想要在一首词里将春天的江南描述出来，实在是太难了，但白居易做到了。他以“江”为中心，尤其是那句“春来江水绿如蓝”一直为后人称颂。然而，江南春天的江水究竟是绿色还是蓝色？

万物知识点

长江啊长江，你到底有多少个名字

白居易在回忆江南时写下诗句“日出江花红胜火，春来江水绿如蓝”，其中的江水指的就是长江的水。不过，长江最早并不叫“长江”，它的名字只有一个字——“江”。这么简短的名称早在春秋时期就出现了，吴王的铜剑上就刻有“余处江之阳”的铭文，这里的“江之阳”指的是长江以北。到了汉魏时期，长江又被称为“大江”。西汉司马相如在《子虚赋》中写道：“其南则有平原广泽……缘以大江，限以巫山。”广阔的平原、沼泽沿着大江一路延伸开去，直至巫山脚下，而长江正好穿巫山而过，所以这里的“大江”就是长江。

估计“大江”这个名字还不够飒，东汉末年，人们给它改名为“长江”，于是“长江”这个称谓就出现了。《三国志·周瑜传》记载：“其年九月，曹公入荆州，刘琮举众降……权延见群下，问以计策。议者咸曰：‘……将军大势，可以拒操者，长江也。’”这段文字记载的是历史上著名的赤壁之战，这场战争就发生在长江之上。不过此时“长江”这个名字使用得并不广泛，直到近代以后，使用“长江”这个称谓的人才逐渐多了起来，许多文学作品中都会提到“长江”。

如果你以为古代有“长江”这个名字了，于是所有古人都称它为“长江”，那就太天真了！古代的科技与交通不发达，古人住在哪里，就给哪段江道取个名字，所以长江的别称大多是由古代的国名、州名、县名组成。它的别称在中国河流中可以说是最多的，就算放到全世界，也能排到前几名。据统计，长江的别称有 30 多种，我们在文学作品中看到的“九派”“九湃”“楚江”“京江”“浔阳”“扬子江”……请记住，这都是在说长江。

古人为什么都那么喜欢长江

古人为什么都那么喜欢长江？关键就是古人要喝水，毕竟“人可一日无谷，不可一日无水”。古人家里没有装自来水，外面也没有现成的直饮水卖，海水又太咸，想喝水只能靠着江河湖泉，于是拥有丰富水资源的长江就成为老百姓的日常水源。杜甫有诗云：“闭目逾十旬，大江不止渴。”张籍《江南行》：“清莎覆城竹为屋，无井家家饮潮水。”还有我们都很熟悉的“我住长江头，君住长江尾，日日思君不见君，共饮长江水”。虽然词中表达的是一对分别的恋人以“共饮长江水”来解相思之苦，但也反映出长江水是古人日常饮用水的重要来源。更何况古代的长江水非常清澈，李白在《江夏别宋之悌》中说：“楚水清若空，遥将碧海通。”杜甫也对长江水的清澈记忆尤深：“江清心可莹，竹冷发堪梳。”

除了能够饮用外，清澈的长江水还可以用来淘米洗菜、灌溉农田。由于古代交通落后，水量充沛、水流平缓的长江成为江南地区重要的交通路线，它的内河航线可谓四通八达。杜牧曾用“长江五千里，来往百万人”来形容长江客运的繁忙。相比于行走坐车马，古人更喜欢走水路，毕竟花钱少，人又舒服。古人行在江上时，常常会迸发出无限的激情与思绪。

“日出江花红胜火，春来江水绿如蓝”，这两句连用两个比喻，将江南的水色风光写到了极致

江水“绿如蓝”？长江的水究竟是什么颜色

长江水如此澄澈，那为什么白居易要说它“春来江水绿如蓝”？除了白居易，后来苏东坡在凤翔任职，喝了一口当地的水后，他写道：“吾家蜀江上，江水绿如蓝。”看吧，古代认为江水“绿如蓝”的不止白居易一人。想知道春天的江水为什么会“绿如蓝”，不如先了解一下在古人的眼中“蓝”究竟是什么概念。

白居易诗中的“蓝”，其实指的是蓝草，又名蓼蓝。这种植物有一个最大的作用，那就是可以作为蓝色的植物染料。我们背诵过的荀子《劝学》，开篇就提到“青，取之于蓝，而青于蓝”，意思是靛青是从蓝草染料中提炼出来的，但是它的颜色比蓝草更深。想象一下，白居易竟然看到了靛青色的长江水！这似乎有点儿不对劲？毕竟我们都有过一种经验，尤其是在外出旅游的时候，无论江河湖海在我们的视觉中呈现出多么不同的颜色，比如蓝色的大海、碧绿的湖水、黄色的河流……但用手捧起一汪水，发现它们都是透明的。

高分句子铺

滚滚长江东逝水，浪花淘尽英雄。——明代文学家杨慎《临江仙·滚滚长江东逝水》

云帆望远不相见，日暮长江空自流。——唐代诗人李白《送别》

其实这一切都是大自然的杰作。白居易看到了春天的江水“绿如蓝”，这是因为在江水中有一些藻类、浮水类的植物以及一些泥沙等杂质。这些浮游生物的生长与季节的更替、江水的深浅息息相关，在不同时期会呈现出不同色彩。当然藏在江水里的它们不是“主谋”，对江水颜色起决定性作用的是天上的太阳，毕竟水的颜色源于水对太阳光的散射、反射及吸收。当白色的阳光照射在春天的江面上时，它的色光如红光、黄光极易被江水吸收，但蓝光、绿光不易被吸收，它们在水中的穿透力弱，被散射或反射的机会也就大，于是当年的白居易就看到了又绿又蓝的春江水。

大自然的美不仅在于它的千变万化，还在于它能给人以不同的感知。我们每个人对色彩的知觉是不一样的，有些人天生对色彩敏感，如南唐后主李煜给宫中布匹取名为“天水碧”，宋徽宗赵佶认为汝窑瓷器是“雨过天青色”，白居易带着诗人的浪漫觉得春天的江水就是绿得发蓝。这一点在白居易的另外一首诗《早春招张宾客》中也有体现：“池色溶溶蓝染水，花光焰焰火烧春。”你看，护城河的水在白居易眼中也是蓝色。不得不说，白居易对江水是真爱，他还写过一首《暮江吟》，其中有诗句：“一道残阳铺水中，半江瑟瑟半江红。”秋日的黄昏下，白居易又向江水望去，这时候，江水在他的眼中一半是碧绿色，一半是红色。

不同的季节，不同的时间，江水给予人的视觉享受也不同，于是望着江水的人也产生了不同的思绪与诗情。

提分素材馆

王安石患病，苏东坡倾情送上长江水

长江水如此清澈，古人除了直接饮用外，还喜欢用它来泡茶喝。早在唐代，茶文化盛行，古人对泡茶的水也十分讲究。其中有一种叫“南零水”的泡茶水在这些古代茶客中非常流行，唐代的张又新认为“扬子江南零水第一”。明代徐献忠《水品》说：“江中南零水，自岷江发流数千里，始澄于两石间，其性亦厚重，故甘也。”如此神奇的南零水还有个别名叫“中泠泉”，它原是镇江扬子江中心金山上的一汪泉水，但归根结底它还是源于长江，只不过是经过了沙石的层层过滤，用它来泡茶，茶水便会格外清冽与甘甜。

到了宋代，杨万里还拎着瓶子去长江取水：“携瓶自汲江心水，要试煎茶第一功。”不过宋代最会品长江水的人当数王安石。王安石晚年患病时，给他诊治的大夫称只有长江三峡瞿塘中峡水泡的茶才能治病，听说苏东坡路过长江三峡，于是就拜托苏东坡过中峡的时候取一瓮水来。苏东坡照做了，但他是在长江下峡取的水，王安石居然喝出来了！喝出来归喝出来，王安石对此还开了一场“长江水品鉴会”，他说：“长江上峡水急，用来泡茶，茶味就会浓；下峡水比较缓慢，泡出来的茶水就会偏淡。而中峡的水流缓慢又自然，泡出来的茶水处于浓淡之间。”

估计向来会吃会玩的苏东坡都快被王安石讲晕了，同是长江水，居然泡出来的茶味还有不同！当然，这也可能是王安石这样的大文豪通过鉴别长江水泡茶的浓淡来体会为人处世的分寸吧！

雪花：古人认为我也是花的一种

湖心亭看雪

明·张岱

崇祯五年十二月，余住西湖。大雪三日，湖中人鸟声俱绝。是日更定矣，余拏一小舟，拥毳衣炉火，独往湖心亭看雪。雾凇沆砀，天与云与山与水，上下一白，湖上影子，惟长堤一痕、湖心亭一点、与余舟一芥、舟中人两三粒而已。

到亭上，有两人铺毡对坐，一童子烧酒炉正沸。见余大喜曰："湖中焉得更有此人！"拉余同饮。余强饮三大白而别。问其姓氏，是金陵人，客此。及下船，舟子喃喃曰："莫说相公痴，更有痴似相公者。"

真题面对面

【2023年高考全国甲卷题】

花和雪都是古诗词中常见的物象，古代诗人常常以雪喻花，或以花喻雪，比如"____________，____________"。

考点直通车

明朝灭亡以后，文学家张岱消极避世，居住在浙江剡（shàn）溪［古水名，在今浙江嵊 (shèng) 州］附近山中，从此外面的世界与他无关，他只专心地读书写诗文。他写了一部回忆录叫《陶庵梦忆》，《湖心亭看雪》是其中的一篇。张岱在缅怀往昔风月繁华时，想起了一个雪天的夜晚，彼时的他住在西湖，一时兴起，穿起他的皮草大衣，怀里揣着手炉就前往湖心亭看雪。那晚的雪景让他难以忘怀，但更难忘的是在湖心亭遇到了两个铺着毛毡来看雪的人，他们旁边的小孩正在用炉子煮着酒。这两个人见到张岱后，非要拉他来喝酒，于是张岱喝下了三大杯热酒后，与他们闲聊了几句就离开了。

在这篇小品文中，张岱的旷达与痴情像极了漫天的雪，而漫天的雪又像极了纯洁、痴情又旷达的张岱，情与景融为一体，营造出了纯美而又耐人寻味的纯美意境。

万物知识点

张岱的《夜航船》里，收集了有关雪的“奇葩”故事

张岱对雪的痴迷，不只在多年前的那个雪夜。因为爱雪，他还干了一件大事，那就是在他的著作《夜航船》的卷一里开了个栏目《天

文部·雪霜》，专门收集有关雪天的“奇葩”段子。

其中有我们熟悉的“柳絮因风”“踏雪寻梅”“映雪读书”这些比较常见的，而其余的一些段子，只能让现代人惊掉下巴了。比如“欲仙去”这个段子，说的是越人王冕，在大雪天也不怕冷，赤脚去登炉峰，环视四周后，大叫一声：“天地皆白玉合成，使人心胆澄澈，便欲仙去！”还有一个叫铁脚道人的，他既不怕冷，也不怕拉肚子。一到雪天，他就爱赤脚在雪中走路，高兴的时候，还会大声朗诵《庄子·秋水》，随后就摘一些梅花放进嘴里咀嚼，感觉有点干的时候，再弄点雪一起咽下去。对此，他解释道：“我要将这寒香沁入心骨！这样我就像梅花一样香，像雪一样洁净啦！”

古人为什么要将雪称为“雪花”

虽然这些古人爱雪的故事听起来有点“奇葩”，但也能看出来古人对雪爱得相当深沉。他们甚至认为雪也是自然界的一种花，于是自古以来雪都被称为“雪花”。西汉时期的《诗经》学家韩婴还提出了“凡草木花多五出，雪花独六出”的观点，其实用物理学知识就可以解释得通这种现象。众所周知，冰晶是雪花的“胚胎”，在它坠落的时候，也是这个“胚胎”成长的过程，只不过它最终长成什么样子，往往由云层中的湿度与温度决定。不同的湿度与温度的云层往往会“孕育”出不同形状的雪花，比如在云层零下 15℃时，就会长出六瓣星状的雪花；零下 6℃的时候，雪花又长成了针状或者柱状；到了 0℃

时，雪花就变成了六边形……这就是“雪花独六出”的原因。

正因为雪花拥有独特而又精致的形态，所以古人才会将其与花瓣相提并论，可见古人将雪花当成自然界的一种花完全不是在开玩笑。他们甚至还将雪花与梅花“纠缠”在一起，一会儿要给雪花与梅花“组 CP”，一会儿又要让雪花与梅花“打擂台”……北宋卢钺《雪梅》中还有“梅须逊雪三分白，雪却输梅一段香”这样的诗句。

当一片片雪花从天而降，无数雪花在地上堆叠，光线经过无数次的折射与反射，就呈现出了白色。漫天的雪，漫天的白色，整个世界都变得纯洁无瑕，于是雪也被赋予了纯洁、高雅的品质。当古代的文人雅士看到雪的时候，他们也会希望拥有雪天那样超脱于现实的境界，雪也就成为他们诗文中频频被提及的精灵。

雪不只是文人雅士的浪漫，也是冬日里的“潮玩”

当然，在古代的雪天里，古人除了赏雪作诗外，也会做一些充满童趣的游戏。不过他们堆的可不是雪人，而是以动物为主，比如雪狮。

高分句子铺

杨花与雪花，一样无心绪。不管是何家，随风但吹去。——清代诗人袁枚《杨花》

雪花似掌难遮恨，风力如刀不断愁。——明末清初文学家钱谦益《雪夜次刘敬仲韵》

《东京梦华录》卷十记载：“豪贵之家，遇雪即开筵，塑雪狮，装雪灯，以会亲旧。”是的，你没看错，古人玩起雪来就是这么浮夸，简单的雪人不堆，要堆就堆个雪狮出来镇场子。

不仅是富贵人家喜欢堆雪狮，就连宋代的皇宫里也对雪狮充满兴趣。南宋的周密曾在《武林旧事·赏雪》中详细记载了当时皇宫里赏雪堆雪狮的基本流程：“后苑进大小雪狮儿，并以金铃彩缕为饰，且

“赏雪”作为九雅［寻幽、酌酒、抚琴、莳（shì）花、焚香、品茗、听雨、赏雪、候月］之一的大项目，面对大雪天，来一场清雅的“踏雪寻梅”亦是古人喜欢的风雅活动

作雪花、雪灯、雪山之类。”宋代的皇宫里，不仅要堆起大大小小的雪狮，还要给它们佩戴首饰，比如在脖子上挂金铃铛，身上披彩色的丝线。为了应景，除了雪狮外，古人还要堆雪山、雪花、雪灯等。说起雪灯，我们不免联想到北京冬奥会的“雪容融”，它是一种用雪制作的灯，与“雪容融”挂着雪的红灯笼形象有着异曲同工之妙，看起来动静相宜。

不过话说回来，古人为何如此钟情于狮子？古人堆的雪狮跟我们现代人在动物园里看到的狮子是同一个品种吗？早在汉代，安息国为了与汉朝建交，就进贡了狮子和符拔，并称其为“瑞兽”。渐渐地，狮子的形象也就渗透进了古人的日常生活里，最典型的莫过于古代就出现了大量的石狮子，因为古人认为石狮子有灵性，可以镇守四方。唐代文人虞世南写了一篇《狮子赋》，其中提到了狮子是绝域之神兽；明代医药学家李时珍更是称狮子为“百兽长”。可见，狮子历来是吉祥如意的象征，在皇宫里更是一种身份的体现。至于古人在雪天里堆的雪狮，总体来说是石狮子的模样：一是石狮子更为常见，古人不用开太大的脑洞；二是石狮子比较稳固，即使用雪堆出来也不容易塌。

到了清代，古人就不再只专注于堆雪狮了，他们开始堆大象、堆骏马。清代吴振棫《养吉斋丛录》卷十四中记载：“冬日得雪，每于养心殿庭中堆成狮、象，志喜兆丰，常邀宸咏。乾隆壬申、乙酉，以雪狮、雪象联句。嘉庆戊寅，又堆为卧马二，东西分列，有与内廷翰林联句诗。”当雪狮、雪象、雪马堆成后，皇帝与宫中的翰林学士还要以此为题材来吟诗作赋。光绪年间颜缉祜所撰的《汴京宫词》中就有描述宫中赏雪游艺的诗句，如“瑞雪缤纷盛上天，堆狮持象戏阶前”。看来，雪不仅飘落到了古人的精神世界里，它也驻足在了古人的日常生活里。

提分素材馆

袁安“卧雪”，喜提入职通知

自古以来喜欢雪的人数不胜数，但历史上有一个人在雪天拿到了offer（入职通知）。这个有关雪的典故的名字很有诗意，叫“卧雪”，主人公是东汉名臣袁安。

说是有一年洛阳下起了大雪，其他人都外出乞食，只有袁安门前积雪如故。洛阳令按户查看时，以为袁安已经冻饿而死，就让人扫除他门前的积雪，再进屋察看一下。进门后，洛阳令和随从们发现袁安直挺挺地躺着，好像还没死，于是他就问袁安：“你为什么不出门啊？”袁安答：“这大雪天的，人人都饿，不应该去打搅别人，我再躺会儿……”此话一出，格局就有了：人在饥寒交迫之际，还能保持节操，这不容易啊！洛阳令认为袁安是个贤能之辈，就将其举为孝廉。

此后，袁安“卧雪”这个典故居然成为一个千年“超级IP”，不仅文人们在诗文中喜欢用这个典故，而且画家们在雪景山水画中也喜欢增加这个元素。或许袁安自己都没有想到，一场大雪居然改变了他的一生。

风烟：大漠孤烟直的“孤烟”为何是直的

使至塞上

唐 · 王维

单车欲问边，属国过居延。

征蓬出汉塞，归雁入胡天。

大漠孤烟直，长河落日圆。

萧关逢候骑，都护在燕然。

真题面对面

【2019年湖北鄂州中考题】

这首诗的颈联“大漠孤烟直，长河落日圆”意境优美，请用生动的语言加以描绘。

考点直通车

唐玄宗开元二十四年（736年），吐蕃发兵攻打唐朝的属国小勃律。至开元二十五年（737年）的春天，河西节度副大使崔希逸大破吐蕃军。唐玄宗就派王维以监察御史的身份奉使凉州（今甘肃永昌以东、天祝以西一带），出塞对战士们表达慰问，察访军情，并任河西节度使判官。这看起来很风光吧？其实唐玄宗意在将王维排挤出朝廷。对此，王维心知肚明，他内心有些郁闷，毕竟被排挤的人总有一种孤独飘零之感，但他还是兢兢业业地远赴边疆向战士们表达慰问。在出使塞上的旅程中，他写了不少诗，《使至塞上》仅是其中的一首。

这首诗最精彩的一句莫过于“大漠孤烟直，长河落日圆”，这句诗给我们勾勒出了一幅无比雄浑的风景画，大漠雄伟壮阔的万千气象让整首诗有了一种悲壮慷慨之情。同时，诗人一开始的孤独、落寞、郁郁不得志等消极情绪也在这壮美的景象中得到了升华，渐渐变得豁达起来。不过很多后人对“大漠孤烟直”中的“孤烟”提出了疑问，它究竟是什么烟？为何会是直的？

万物知识点

听说你们认为“孤烟”就是狼烟

诗句中的“孤烟”，很多人将其解读为狼烟。毕竟这首诗是在边塞写的，战乱频繁，经常打仗的地方看到狼烟实在是很正常。那么狼烟究竟是什么？

说起狼烟，我们的脑海里是不是总会蹦出“烽火连三月”“狼

周幽王“烽火戏诸侯”

烟四起”“狼烟遍地”这样的词语？其实所谓的“烽火”“狼烟”，它们都是烽火台燃起来的烟火。古人将白天燃的烟叫“烽”，将夜晚放的火叫“燧”，于是狼烟还有一个别称叫“烽燧”。在古代，这是战争时期用来传递信息的一种工具。我们熟悉的历史故事“烽火戏诸侯”里，周幽王为博褒姒一笑，不惜点燃烽火，一而再，再而三地戏弄诸侯。后犬戎攻破镐（hào）京（故址在今陕西西安）时，无人前来营救，周幽王落了个惨死的结局。从这个故事足见烽火在古代战争中的重要性。

狼烟是用狼粪烧出来的烟吗

那话说回来，烽火为什么要叫狼烟？狼烟与狼有关系吗？这个说法最早出自唐代段成式的笔记小说集《酉阳杂俎》卷十六：“狼粪烟直上，烽火用之。”宋代陆佃在《埤（pí）雅》卷四中也写道：“古之烽火，用狼粪，取其烟直而聚，虽风吹之不斜。”这是因为古人认为狼是直肠子，所以狼的粪便经过燃烧后，其产生的狼烟就是笔直的。而事实上，狼的粪便经过燃烧后，并不能产生很多烟雾，甚至可以说产生的烟雾非常稀疏，压根儿就比不上牛羊的干粪。

在唐代，战士们驻守边疆，在一天过去后，若是平安无事，战士们就会在初更时分点燃“平安火”，以此向京城报平安。一旦遇到敌军入侵，战士们就会按照之前约定好的明灭次数，点燃狼烟，发出特定的信号。这时候的狼烟，相当于一种军事密码。每隔十里，相邻的烽火台就会像接力一样燃起焰火。待狼烟一阵一阵地传递升腾起来，军情才可以传递到很远的地方。这样看来，狼烟似乎与狼没什么关系。毕竟狼的粪便燃烧起来烟雾那么稀疏，看起来一点也不显眼，这如何能给十里地以外的地方传递信号呢？

再者，狼又不是牛羊可以畜养，哪里有那么多狼的粪便供边疆战士收集？要知道，这烽火是每天到点了就要燃起，缺一天都不行。后来有考古专家专门对此进行了考证，他们在烽火台的遗址里，发掘出一些残留的烽薪，这些烽薪大多源于红柳、骆驼草、柴草等。

那么，王维在塞上看到的“孤烟”就是狼烟吗？鉴于唐代边疆每天都会点“平安火”，初更时分在晚上七点到九点，沙漠日照时间长，那么王维看到的“孤烟”是狼烟的可能性也是有的，只是另一个问题来了：就算“孤烟”是狼烟，它也难直啊！

有没有一种可能，王维看到的是尘卷风

在《红楼梦》第四十八回中，香菱对王维的这句诗吐槽道：“‘大

高分句子铺

春庭早色和烟暖；午夜书声带月寒。——《对联集锦》

击石乃有火，不击元无烟。——唐代诗人孟郊《劝学》

无中不能生有，无缝的石头流不出水来。谁不能燃烧，就只有冒烟——这就是定理。生活的烈火万岁！——苏联作家奥斯特洛夫斯基

漠孤烟直，长河落日圆。’想来烟如何直？日自然是圆的。这‘直’字似无理，‘圆’字似太俗。”香菱是在用生活经验解读王维的这句诗，因为我们都知道烟雾在上升的过程中，要么是逐渐扩散，要么是被风吹得四处飘散，想让烟雾笔直地往上升腾，确实很难办。也有人说，也许王维看到狼烟的那天没有风，但去过戈壁或沙漠的人都知道这比中彩票的概率还要低。

不过，香菱是南方人，又是闺阁女子，可能她没有见过沙漠地区的一种叫“尘卷风”的天气现象。我们都知道，沙漠地区的阳光强烈，地面总是被太阳晒得滚烫，但受热又不均匀。当某个地方被晒到暴热，空气也会因受热而不断上升。这时候，周围的空气就会补充过来，扰动空气层，最终形成气旋、旋风，看起来很像一场小型的龙卷风。而在空气上升的过程中，地表的沙尘也被卷到了空中，于是就形成了尘烟。这种尘烟在沙漠地区极为常见。

烟的问题搞明白了，那尘烟为何这么“孤”？这是因为沙漠的某个地方空气受热上升后，周围的冷空气补充过来，集中到一处才形成了旋风。那么在同一空间、同一时间里，也就只能形成一个气旋尘柱，很难在人的视线范围内集中形成两个尘柱。那么尘烟是直的吗？当然，因为气旋本身就是一个活跃的上升气流，与别的烟雾不同，它完全能够抵御水平方向风的影响。所以，王维极有可能看到的“孤烟直”不是文学想象与夸张，有可能他看到的就是尘卷风，当时的烟的确是直的。

提分素材馆

火星上也有尘卷风

地球上的尘卷风有点可怕，但即使你逃到火星上，也会有遇到尘卷风的可能。这不是开玩笑，与地球一样，火星上的确经常发生尘卷风。

火星与地球不同，它过于干燥，而火星的大气层又十分稀薄，在正常情况下很难形成尘卷风。不过，也正因为大气层稀薄，所以它无法将火星地表的热量保持住，从而导致昼夜温差大。昼夜温差一增大就会导致气体在赤道附近上升，然后在极地地区下沉，最终气流又回到了赤道上，因此就形成了火星地表的大气环流。在这个过程中，通常会有一些激烈的天气现象产生，尘卷风便是其中的一种。与地球上的尘卷风一样，火星上的尘卷风也是因为表面受热不均匀而造成气旋所引起的。据天文学家介绍，他们曾在2012年拍摄到火星上一幅非常可怕的尘卷风画面，画面中的尘卷风有着非常修长的“身躯”，犹如一条站立起来的蟒蛇。探测数据显示，这条站立的“蟒蛇”长度超过了800米，看起来相当壮观。

火星上的尘卷风非常强大，它可以将尘埃抛入大气层与大型沙尘暴之间。同时尘卷风还可以把覆盖在火星探测器太阳能电池表面的尘埃全部吹走，而在尘卷风吹过之时，它也产生了足够多的静电，甚至可以给太阳能电池充满电量。

第四辑

衣食住行

木屐：孔子的鞋到底被谁偷走了

游园不值

宋·叶绍翁

应怜屐齿印苍苔，小扣柴扉久不开。

春色满园关不住，一枝红杏出墙来。

真题面对面

【2020年贵州遵义中考题】

宋诗以理见长，这首诗也有此特点，请分析诗歌最后两句说出了怎样的道理。

考点直通车

在春风和煦的日子里，诗人叶绍翁想去游园看花，却没想到花园的门一直关着，敲了会儿门，居然也没有人应答。这实在太扫兴了。亏得诗人在走近花园的时候，还小心翼翼，生怕脚上的木鞋毁了台阶上的青苔，没想到这会儿连门都进不去。正当诗人有些败兴的时候，忽然看到一枝红杏开出了墙外，顿时感觉春意盎然，春日的美景岂是花园中一扇小小的柴门能关住的嘛！

整首诗读来形象而富有理趣，揭示了深刻的哲理，以至于后人对这首诗的解读也很多。有人认为这是纯粹的游园之作，有人觉得诗人在赞美高人隐士，更有人将其理解为一首反封建反压迫的政治诗。无论哪种解读，我们都能感受到诗人对大自然的热爱，尤其是“应怜屐齿印苍苔”一句更能体现出诗人对细小植物的呵护。其中“屐”字也常引人好奇，古人穿的“屐”就是拖鞋吗？

万物知识点

古人的“屐齿”有多猛

“屐”这个字仿佛自带音效，只要看到它，我们的耳旁就会响起踢踏声。这是因为屐的鞋底是用木头做的，而诗句中“应怜屐齿印苍苔”中的“屐齿”是木底鞋上的横杠或者木钉，这样鞋子穿起来比较防滑。

关于这个“屐齿”，还发生过一件很搞笑的事情。《世说新语》中有一篇名为《王蓝田食鸡子》的文章，说东晋时期有个人叫王述，他袭封蓝田侯，所以也被称为王蓝田。这人有一个特点，就是性子非常急。有一次，王蓝田正在吃鸡蛋，他先是用筷子扎鸡蛋，没吃成功。王蓝田很生气，后果很严重，他直接把鸡蛋扔在了地上，结果鸡蛋在地上不停地旋转，看起来更加气人。此时王蓝田肺都快被气炸了，他直接下榻，穿上屐，用屐齿狠狠地踩鸡蛋，结果鸡蛋又滚了。在暴怒之下，王蓝田把鸡蛋从地上捡起来，直接塞到了嘴里，把鸡蛋咬破了就吐掉。王羲之听说了这件事，笑到停不下来，他说：“即使安期（王蓝田的父亲王承）有这个暴脾气，也没什么可取的，何况是王蓝田呢！”可见，屐在魏晋南北朝时期就是文人士大夫平日里最为日常的鞋子，而从屐齿敲鸡蛋这个操作足以看出屐齿的杀伤力有多大。难怪叶绍翁去游园的时候，担心自己的屐齿伤害了园子主人的青苔。

有人用它敲鸡蛋，也有人用它来爬山

王羲之笑话过王述，但他万万没想到与自己有着秦晋之好的谢安也发生了一个与屐齿有关的故事。据《晋书·谢安传》记载，当年的淝水（今安徽瓦埠湖一带）之战，作为东晋宰相的谢安在后方指挥，而他的侄子谢玄在前线。那天，谢安一副居家打扮，淡定自若地下着棋。当战报送到时，谢安只是看了一眼，随手就放在了榻上，就像什么都没发生一样，继续跟客人下棋。客人倒是不淡定了，问谢安战况如何，谁知谢安慢吞吞地吐出一句：“小儿辈遂已破贼。”许久后，棋下完了，客人也送走了，谢安赶紧冲回房间，想再认真看一下战报，结果他过门槛的时候忘记抬脚，鞋底的屐齿都被门槛绊断了。

这一大家子都跟屐齿较上劲了。多年以后，谢安的侄曾孙谢灵运又发明了“谢公屐”。众所周知，谢灵运是南北朝时期的诗人，同时是一个旅行者，那么他在探险旅行的路上自然少不了一双舒服的好鞋子。他发明了一种登山鞋。这种登山鞋就是木屐，但这种木屐有一个特点，就是它的屐齿是可拆卸的。在上山的时候，去掉前面的屐齿；下山时，去掉后面的屐齿。这种可以灵活拆卸的木屐被称为“谢公屐”。此外，“寻山屐”“登山屐”“灵运屐”等，都是谢公屐的别称。谢灵运的这项发明流传了下来，唐代李白“脚著谢公屐，身登青云梯”，南宋刘克庄“挟种树书，举障尘扇，著游山屐”，元代范梈“始来武当时，祇着谢公屐”，明代高启“为问仙家在何处，欲穿谢屐一登临”，清代李调元“老来久弃游山屐，又上凌云陟九巅”……

看吧，在谢灵运之后，每朝每代都有诗人穿着谢公屐爬山，看来跟屐齿较上劲也挺好，造福后人！

古人的木屐可以表达怀念

小小的屐齿都能有这么多故事，更何况是木屐本身？

这不得不提一个悲伤的故事。据史料记载，春秋时期，晋文公重耳在外逃亡十九年，介子推一直随行。这两人关系好到什么程度呢？有一次重耳饿得不行，介子推居然割了自己大腿上的肉给他熬汤喝。后来，重耳当上了国君，介子推不愿接受俸禄，于是带着老母亲到山中隐居，就是不跟着重耳干了。这下重耳着急了，他多次寻找，甚至命军队搜山也没有找到。传说，晋文公居然出了一个馊主意，让人放火烧山，逼出介子推。

介子推就算被火烧，也不肯出山，最后他抱树而死。为此，重耳非常难过，他抚摸着介子推曾抱着的那棵树，不停地悲叹。后来他干脆就把树上的这段木头砍下来，做成了木屐，穿在脚上。穿着木屐走路就会有踢踏声，重耳告诉自己：“假装介子推还在。”每当他想起介子推的时候，就会看着自己的木屐说一声：“足下，你可真让我感到悲伤啊！”

古代的鞋子中，以舄（xì）为贵。单底谓之履，双底谓之舄。舄是双底鞋，限于朝觐、祭祀时穿用，面料为绸缎

孔子曾经被人偷了木屐

重耳把那段木头做成木屐，并不是要将介子推踩在脚下，而是古人极为重视自己的鞋子。古人认为，如果丢了鞋子，那么就会命不久矣，所以他们就算是把鞋子穿破穿烂，也不会主动把鞋子丢掉。然而，万一被贼惦记上了，那还真是没办法。

《太平御览》卷六百九十八中引《论语隐义注》：“孔子至蔡，解于客舍。入夜有取孔子一只屐去，盗者置屐于受盗家。孔子屐长一尺四寸，与凡人屐异。”孔子居然曾经被人偷了木屐。当时孔子正在周游列国，他在蔡国旅店投宿，早上起来发现自己的一只木屐不见了。这真是相当诡异，毕竟与当时的普通人相比，孔子的个头很高，他穿的鞋子也就比较大，就算是被偷去，普通人穿上也不合脚，拿去卖也很容易被发现。所以，有这么一个说法：孔子的木屐有可能是被蔡国的国君派人偷走的，为的就是阻止孔子前往楚国游说。这只木屐再也没被还回来。不过，孔子履可是被历代的统治者作为宝物收藏的。晋惠帝元康五年（295 年），国库失火，许多宝物都被烧毁，其中就有孔子履。到了唐宣宗时期，皇帝居然下令照着孔子履做一双新鞋

高分句子铺

踏破铁鞋无觅处，得来全不费功夫。——南宋道士夏元鼎《绝句》

身似漏船难补贴，齿如败屐久凋零。——南宋诗人方岳《春日杂兴》

子，并将其称为“鲁风鞋”。上行下效，很快鲁风鞋就火了起来。

古人的木屐也可以用来灭国

宋代王禹偁（chēng）《题响屧（xiè）廊壁》：“廊坏空留响屧名，为因西子绕廊行。可怜伍相终朝谏，谁记当时曳履声。”这首诗讲述的是四大美女之一西施的故事。西施其实有一个职业，即“女间谍”。公元前 494 年，吴王夫差打败了越王勾践，成为春秋战国时期的霸主。争霸失败后的越王勾践卧薪尝胆，韬光养晦，准备绝地反击。为了达到打败吴王的目的，勾践就向吴王进献他精心训练过的美女西施。西施貌若天仙，吴王为了她，做出了很多劳民伤财的事情，其中有一件事就是给西施设计了一个舞场。这个舞场非同一般，搭建时先要将花园的长廊底下挖空，再放进大缸，大缸上铺上模板。西施要穿着缀满铃铛的舞裙，再踩上木屐，在这个舞场上跳舞。当木屐的屐齿击地，大缸就会产生回鸣，加之西施翩翩起舞时，她裙子上的铃铛也会响起来……这支舞就被称为“响屐舞”，而西施跳舞的长廊就叫“响屐廊”。虽然几支响屐舞并不能直接灭掉吴国，但吴王沉湎于西施的美貌与响屐舞这种视觉与听觉的双重享受中，渐渐地放松了警惕，劳民伤财，失去人心，距离灭国也就不远了。

没想到木屐居然有这么多故事，它不仅包含着古人的智慧，也带着古人的足迹走到我们面前，让我们又沿着这个足迹走向古人，走向历史。

提分素材馆

古人穿鞋居然不分左右脚

现代人的鞋子，几乎都分左右脚。若是左右穿错了，那脚肯定得挤肿。这样的顾虑，古人倒是没有，因为他们穿鞋压根儿不分左右脚。

这是因为古人的两只鞋子样式几乎差不多，不分左右的鞋子在古代被称为“正脚鞋”，或者叫“直脚鞋”。至于古人穿鞋为何不分左右，这大概是有“鸳鸯鞋”的忌讳。在古人的审美里，两只鞋子必须一模一样。如果一个人穿上两只不一样的“鸳鸯鞋”就会被视为不洁之人，因为这种鞋通常只有生活在社会底层的“贱民”或正在“戴罪受刑”的人才会穿。

事实上，古人穿鞋并不自由，因为古代对鞋履规定了严格的等级制度。最夸张的是北魏孝文帝，他连别人穿什么颜色的鞋子都要管：“士卒百工，履色无过绿、青、白；婢，履色无过红、青。”穿错鞋子就等于去送命。西晋更夸张，对商人特别苛刻，规定他们必须一脚穿白鞋，一脚穿黑鞋，这种现象被古人称为“黑白两道”。由于古代官商勾结的案例比较多，老百姓对此非常鄙视，也非常痛恨，于是“黑白两道”渐渐衍生出了不好的含义。

既然古人穿鞋不分左右，那么买鞋子的时候，他们会伸出哪只脚来试鞋呢？自然是左脚，因为从人体的结构特征来看，一般人的左脚要比右脚稍微长点，左脚能穿，右脚就不会有问题。楚国的宰相孙叔敖还因为左脚畸长而出名，被记为“长左”。古人买鞋子不问多少码，而是问“脚第几”。

筷子：李白拿起又放下的“箸”，在历史上有什么故事

行路难（其一）

唐·李白

金樽清酒斗十千，玉盘珍羞直万钱。
停杯投箸不能食，拔剑四顾心茫然。
欲渡黄河冰塞川，将登太行雪满山。
闲来垂钓碧溪上，忽复乘舟梦日边。
行路难，行路难，多歧路，今安在？
长风破浪会有时，直挂云帆济沧海。

真题面对面

【2023高考全国甲卷题】

鲍照曾以“对案不能食，拔剑击柱长叹息”表达内心愤懑，李白《行路难》中的两句诗“________________，________________”，描写相近动作，抒写近似心情。

考点直通车

李白总共写了三首《行路难》，这三首诗都是在表达同一种情绪，即李白在政治道路上遭遇挫折后所产生的感慨。李白当时非常矛盾，他希望能用自己的才华建功立业，又不想与朝中权贵同流合污。这种复杂的情绪萦绕在心中，让李白不得不在诗中一吐为快。不过李白毕竟是李白，他的心胸是旷达的，思想是乐观的，所以即使是抒发苦闷的诗也充盈着一股昂扬之气。

这首《行路难》为其一，在诗的开篇，李白将自己惆怅、茫然的心情描述得非常生动。先是写朋友招待他的宴会上有着奢侈的美酒佳肴，谁能抵挡住美酒与美食的诱惑呢？李白就算心里郁闷，也想吃上几口，但奈何“停杯投箸不能食”，诗句中的“箸”是指筷子，可见在唐代，筷子就已经是古人常用的餐具了。这双筷子就像是李白的心事，拿起又放下，放下又拿起，足以展现出李白内心的矛盾与茫然。只是筷子究竟是什么时候走上古人的餐桌呢？在“箸”变为“筷子”的过程中，又发生了什么有趣的事情？

万物知识点

筷子最早被称为“箸”

在古代，筷子如李白诗中所写，它被称为“箸”，而“箸”字最早出现在战国时期《韩非子·喻老》中："昔者纣为象箸，而箕子怖。"商纣王生活奢靡无度，吃饭用的筷子居然是用象牙做的，他的叔叔箕子看到后感到十分恐慌。箕子认为既然用上了象牙筷子，那么商纣王就不会再满足于用土陶器皿，很快就会换上用犀角和玉做的杯子来配这双象牙筷子。这样奢靡下去，岂不是有亡国的危险？这句话给了我们一个重要的信息：早在商朝时，古人就已经用上了筷子。商纣王当时用的是象牙筷，说明普通筷子的出现要早于商纣王在位时期。

从"箸"的构字来看，古代的筷子最早是用木头或者竹子制成的，而木头与竹子容易腐烂，所以很难考证出筷子发明的时间。除了"箸"这个名称，筷子在先秦时期还被称为"梜（jiā）"。《礼记·曲礼》："羹之有菜者用梜。"《急就篇》卷二载："箸，一名梜，所以梜食也。"可见，筷子在先秦时期还被称为"梜"，这个字看起来就更加形象了，就是用木头夹住食物。到了汉代，筷子基本上就被统称为"箸"了。

那么古人手中的筷子与现代人的筷子一样吗？从出土的文物来看，筷子在明代以前大多数呈圆柱体，最多也就是六棱柱。到了明代，筷子则出现了一个非常明显的变化，即"首方足圆"。这很好理解，"首方"就是指筷子的上部为方形，"足圆"是指筷子的下半部分为圆形。这种改良有一个最大的好处，那就是当筷子放在桌上或者盘碗上时，它不会随意滚落。

同时，因为筷子变成了四棱柱，于是喜欢“作妖”的古人在筷子美学上也有了发挥的空间，他们开始在筷子上雕刻花纹，篆刻诗文。

论“箸”是如何变成“筷子”的

古人是从什么时候开始将“箸”改称为“筷子”的呢？别看只是改个名字，很多古代文人还不太乐意。这些不愿意将“箸”改名为“筷子”的文人，认为称“箸”文雅，叫“筷子”俗气。其实早在明代，民间就已经出现了“筷子”这一叫法。明代陆荣《菽园杂记》中记载：“民间俗讳，各处有之，而吴中为甚。如舟行讳住，讳翻；以箸为快（筷）儿……今士大夫亦有犯俗称快儿者。”江南水乡以水为生的渔民和船民，特别忌讳“住”这个字，所以也忌讳说“箸”。因为一旦船停住了，就意味着没有生意可做，也就没有钱可赚，于是江南渔民和船民干脆反其道而行之。你不是要叫“箸”吗？我偏要快！就这样，“箸”渐渐地就变成了“快”。

古代文人觉得就算要“快”吧，也请你们有点文化，于是他们非常机智地给“快”加上了一个竹字头，也就是我们如今写的“筷”。你以为这样就大功告成了？不，更多的古代文人没有这么好说话，就算有“筷”字的写法，他们也坚决不把“筷”字当成书面文字，如《康熙字典》直接无视“筷”这个字，压根儿就不想收录。

当然了，语言文字的发展岂是无视就可以阻止的！从明代晚期开始，古代文学作品里渐渐出现了“快儿”这个俗称。如明末清初的

筷子历史悠久，人们以筷子进餐已有 3000 多年的历史。筷子在先秦时期称“梜”，汉代时称“箸”，明代开始称“筷”

苏州大才子冯梦龙曾在他编纂的吴语民歌集《山歌》中的《咏物四句·箸》中写道："姐儿生来身小骨头轻，吃郎君捻住像个快儿能。"题目用高雅的"箸"，正文写"快儿"，就是这么任性地雅俗共赏！清代小说《儒林外史》中，大多数时候都称筷子为"箸"，比如范进的三换箸，但在第二十二回，又写道："走堂的拿了一双筷子，两个小菜碟，又是一碟腊猪头肉……"又比如《红楼梦》第四十回，刘姥姥进大观园与贾母一起吃饭，其中"箸"与"筷子"都多次出现。可见，"筷子"也随着语言文学的发展渐渐成为书面语。

古人与筷子的"爱恨情仇"

筷子这么常见的日用品，自然会与古人发生很多故事。其中最有名的莫过于汉代张良"借箸代筹"。当年楚汉相争，正当刘邦与项羽相持不下时，有个叫郦食其的纵横家给刘邦出了个主意："不如您先分封战国时期六国的后代吧！"刘邦也不知道这话对不对，于是在吃饭的时候，就问张良："这个主意如何呀？"张良一听，觉得郦食其这个人简直是瞎说八道，于是他从桌子上拿了一把筷子，帮助刘邦分析问题的利害关系。张良每提出一个反对理由，就摆出一根筷子，最后桌上足足摆上了八根筷子，这便是"借箸代筹"的典故。后来，刘邦听从了张良的意见，才成就了两汉四百多年的统一大业。

到了唐代，筷子还被当成奖品赐给臣子。《开元天宝遗事》卷一记载："宋璟为宰相，朝野人心归美焉。时春御宴，帝以所用金箸令内臣赐璟。”唐代的宋璟当宰相的时候，朝野上下都对其赞不绝口，于是有一次春日宴，唐玄宗就把自己用的那双金筷子送给了宋璟，并且夸赞他像筷子一样正直。不过宋璟并没敢用皇帝奖励的金筷子来吃饭，而是把它供在了相府。

筷子虽然看起来微不足道，但它为世界做出了贡献，比如越南、朝鲜、韩国、日本等，这些国家的老百姓也都在使用筷子。这一切，当然要感谢我国的古人咯！

一双筷子引发的“血案”

有人因筷子得福，也有人因筷子倒霉。这个倒霉的故事发生在汉代，故事的主角是周亚夫。谁能想到一双筷子还能引发一场血案？据《史记·绛侯周勃世家》记载：公元前143年的某天，汉景帝刘启举办了一场“派对”，他还宴请了条侯周亚夫。那天宴会歌舞升平，气氛非常融洽，尤其是桌上的菜肴，那是相当不错，肉香扑鼻。正当周

高分句子铺

亲兄弟析箸，璧合翻作瓜分；士大夫爱钱，书香化为铜臭（xiù）。

——明代书画家陈继儒《小窗幽记》

君子之学也，入乎耳，箸乎心。——《荀子·劝学》

殷勤问竹箸，甘苦尔先尝。滋味他人好，尔空来去忙。

——明代诗人程良规《咏竹箸》

亚夫准备吃块肉的时候，忽然发现自己案几上的肉没有切块，这也就算了，连吃肉的筷子也没有给安排一双。周亚夫认为是负责宴会的官员工作失误，他的脸色变得相当难看，于是回头向他们要筷子。汉景帝刘启一声冷笑：“此不足君所乎？”意思是：这还不能满足你的需要吗？

这句话弄得周亚夫相当尴尬，于是他给汉景帝行了一个礼，转身就告辞了。汉景帝看着周亚夫的背影，他冷漠中又带着嘲讽，说：“此怏怏者非少主臣也！”这样的人怎么可以辅佐太子！

周亚夫是开国功臣周勃的儿子，擅长用兵，精通韬略，颇有其父之风，但也因为功高震主，汉景帝对他有所忌惮，于是汉景帝就设计了这场“鸿门宴”来试探周亚夫。假如周亚夫当时忍了，不吃或者用手拿着肉吃也就罢了，但周亚夫起身脱帽行礼，准备走人，这一举动彻底得罪了汉景帝。这么点儿事都生气，还脱帽行礼，是想要造反吗？于是，汉景帝起了杀心。

后来，周亚夫的儿子在皇家的作坊给他买了500套陪葬用的甲盾，结果被人举报了。周亚夫面对狱吏的责问，已经不想说话。汉景帝彻底被激怒，就把周亚夫交给了廷尉处理。这个廷尉也是“奇葩”，他居然对周亚夫说道：“君侯纵不反地上，即欲反地下耳。”你是没有在地上造反，但是你到了地下可以造反。这句话侮辱性极强，周亚夫一代将领，决定以绝食反抗。没想到五天后，周亚夫吐血而亡。这真是由一双筷子而引发的血案，令后世感叹不已。

提分素材馆

用银筷子试毒靠谱吗

除了古代常见的木筷、竹筷以及无比奢侈的金筷、玉筷、象牙筷外，银筷显得格外扎眼，因为它除了被用作餐具，还被人们赋予了一项神奇的功能：试毒。

只要看过古装剧的人，记忆中都会有这样几个场景：宫廷里的皇帝或者嫔妃在吃东西前，站在一旁的太监会拿出一根银针来试毒，试完了才准饭菜端上桌。还有古代侠客们行走江湖，在吃饭前，他们会拔下头上的银簪子，或者从包里取出银筷子，往饭菜里一插。假如银簪或银筷发黑，他们就会充满警惕地大喊一声："有毒！何人要害我？快给我出来！"就连文学作品中也时常出现银筷试毒的情节，比如《红楼梦》第四十回中，王熙凤曾给刘姥姥换了一双银筷子，并且说道："菜里要有毒，这银子下去了就试的出来。"

这就很容易给人们留下银筷子可以试毒的印象，使银筷子在餐具界混得"风生水起"。只是想用银筷子来试毒，那还真的不太靠谱。银在水中可以形成带正电荷的离子，并且能吸附水中的细菌，所以银具有一定的杀菌作用。然而有杀菌作用并不代表它可以成为试毒的神器。古人用银簪、银筷子试毒的原理是银与硫化物发生反应后，会生成硫化银。假如古人吃的饭菜中含有硫，比如鸡蛋黄、皮蛋、咸菜等，那银筷子插进去，没有毒也会变成黑色。相反，有些含有剧毒的食物，比如毒蕈、农药、毒鼠药等，它们不含硫，就算用银筷子在里面插上一百遍，银筷子也不会变黑。所以，不明真相的古人偶尔也会"骗骗"我们，千万不要上当呀！

桑与麻：古人的穿搭，奢侈或平价都很美

过故人庄

唐·孟浩然

故人具鸡黍，邀我至田家。

绿树村边合，青山郭外斜。

开轩面场圃，把酒话桑麻。

待到重阳日，还来就菊花。

真题面对面

【2020年高考全国Ⅰ卷题】

《离骚》中“________，______________”两句对古代服饰的“上衣下裳”有所反映。

考点直通车

孟浩然隐居在鹿门山（在今湖北襄阳）的时候，某天应邀去了一个老朋友的家。这位老朋友的家在乡村，孟浩然在去朋友家的路上，心

情就非常好，因为这个村庄的自然环境很美，远处青山相伴，近处绿树环抱。这样的村庄让人觉得清淡幽静，却没有一丝孤僻冷傲之感。见面后，朋友已经做好了美味的农家饭，孟浩然就坐下准备与朋友先喝上几杯酒。不过眼前这么美好的田园风光怎能辜负？于是朋友就打开了窗户，二人临窗而坐，一边欣赏谷场菜园，一边聊聊庄稼事。这顿饭吃得很开心，老朋友邀请孟浩然重阳节再来玩，一起喝酒赏菊。

整首诗读来十分亲切，除了自然淳朴的田园风光，字里行间流露出孟浩然与老朋友之间的真挚情谊。有一点很有趣，这首诗中就连他们的“聊天记录”都被曝光了，也就是“话桑麻”，那么“桑麻”这个话题究竟有什么好聊的？这是因为孟浩然的朋友住在村庄，平日里肯定要打理农事，所以在喝酒吃饭的时候，少不了要聊聊庄稼的种植与生长。毕竟在古人的生活中，种植桑麻可是一件大事，所以诗句中的“桑麻”又可以代指“庄稼”。

万物知识点

桑蚕与丝绸

我们先说“桑”。古代劳动人民有在房前屋后种植桑树和梓树的习惯，因此“桑梓”也就成为“家乡”的别称。古人之所以要大规模种植桑树，是因为古代的丝绸业非常发达，为了获取蚕丝纺织布匹，必须大规模人工养蚕，而蚕一般只吃桑叶，所以养蚕就必须种植桑树。诗人孟浩然生于盛唐，他所处的时代政治开明、商业繁荣、交通发达，所以丝绸业也迎来了发展的高峰。

提及丝绸，我们总能想起它的丝滑柔软、色泽饱满以及各种精美的纹样，而对于丝绸的使用，古人可不是只会将它穿在身上，他们的脑洞可大着呢！比如温庭筠在《诉衷情》中提到“金带枕，宫锦，凤凰帷”，其中“宫锦”是一种按照宫廷里要求的样式与规格织就的只供宫廷使用的丝绸，“凤凰帷”是用丝绸做的床上的帐子。

精美丝绸的背后又有什么故事

除了宫廷里大量使用丝绸外，那些富家公子哥儿的日常生活中也处处有丝绸，他们还将丝绸当成货币或礼物赠送给歌伎优伶。白居易《琵琶行》中描述：“五陵年少争缠头，一曲红绡不知数。”因为琵琶女的琴艺高超，每弹奏完一首曲子，长安城的这些膏腴子弟都会争相送上红色薄绸。这还不是个别现象，唐末画僧贯休《酷吏词》：“韩娥唱一曲，锦段鲜照屋。”这说的是春秋战国时期，韩国有一个叫韩娥的歌伎，同样因为演唱技艺高超而得到了达官显贵的喜爱，她收到锦缎无数，丝绸多到居然可以照亮整间屋子。

然而穿用丝绸、挥霍丝绸的毕竟是少数，古代大多数妇女都没有机会穿上丝绸，包括长期从事丝绸纺织的人。唐代孟郊《织妇辞》中说“如何织纨素，自著蓝缕衣”；宋代张俞《蚕妇》中说“遍身罗绮者，不是养蚕人”。这两首诗都反映了古代劳动妇女劳作的辛苦，她们日夜不停地赶工，但她们亲手所织的精美绸缎不能穿在自己身

《捣练图》表现的是贵族妇女捣练缝衣的工作场景，此部分为“熨烫”流程：女子四人分为两组，一组将白布抻开，一组进行熨烫

上。她们如此辛劳，是因为官府要求农家种桑养蚕、缫丝纺织。除了织布，古代劳动妇女还要在寒夜里“捣练”，这是丝绸纺织的重要步骤，也就是捣洗煮过的熟绢。杜甫曾目睹过这一幕，他以悲天悯人的情怀写下了这句：“客子入门月皎皎，谁家捣练风凄凄。”

麻：不要一提起我，就想到“披麻戴孝”好吗

一说起“麻”，我们就会想到一个有点凄惨的词：披麻戴孝。这是古代一种丧葬礼仪，指长辈去世后，子孙要身披麻布衣，头上戴白，以表示对死者的哀悼。当然，麻的作用肯定不止于此。放眼望去，古人的生活中几乎离不开麻。自汉代起，麻就被大规模种植，又因为它全年生长，极易获取，所以用麻织成的布料，成本极低，售价

也低，深受平民百姓的欢迎。

麻布的质感自然不能与丝绸相比，其触感也有点粗糙，但这并不妨碍它成为面料界的顶梁柱。麻布纤维密度比较小，在制成衣服后，有很多透气的孔，所以穿在身上吸湿排汗，清凉干爽。古代劳动人民劳作的时候，尤爱穿麻衣，于是制作麻布也成为古人的日常。《诗经·陈风·东门之池》中就描述了古人沤麻的情景："东门之池，可以沤麻……可以沤纻（zhù）……可以沤菅。"

穿麻衣的唐代举子

除了古代的劳动人民，还有这样一个群体，穿麻衣成为他们身份的象征，即唐代的举子。唐代的举子们要在褐色衣袍外面，罩上一件麻衣。他们从被州府举荐开始就穿上麻衣了，几乎是走到哪里，麻衣就得穿到哪里。比如去礼部报到集合的时候，要穿麻衣进场。想想看，一大拨穿着麻衣的举子站在那里，难怪史料会将这个场面描述为"麻衣如雪，纷然满于九衢"。等到考试的时候，举子们还是得穿着麻衣。

关于考试穿麻衣，还发生了一个悲伤的故事。晚唐的举子刘虚白穿着麻衣进考场，发现主考官裴坦居然是当年与自己一起读书的同学，于是他就给裴坦献上了这样一首诗："二十年前此夜中，一般灯烛一般风。不知岁月能多少，犹著麻衣待至公。"在二十年前，裴坦与刘虚白还是同学，他们曾一起在灯烛下读书。如今裴坦已经是主考官了，而他自己依然穿着麻衣来考试。裴坦读过这首诗，不禁百感交集，好在这次刘虚白终于“上岸”了。

举子们中了进士后，还不能立刻脱掉这麻衣，而是要经过吏部关试，才可以正式将麻衣脱掉。这时候，麻衣成了“吉祥物”，很多人会去高价抢购新科进士们脱掉的麻衣，希望自己穿上麻衣后，也能高中。至于落榜的考生，并没有人关注他们，想继续考试的就接着穿，不想考的把麻衣扔了也无妨。难怪仕途坎坷的唐代诗人杜荀鹤会写出“古陌寒风来去吹，马蹄尘旋上麻衣”这样的诗句，这画面想想都无比心酸。

当然，在普通老百姓的眼里，举子们穿的麻衣还是挺好看的。毕竟他们一旦中了进士，就有当宰相的可能性，于是举子们在未发迹之时，会被称为“白衣公卿”。只不过最终能中进士，为官做宰的人终究是少数，有些人如刘虚白，可能要穿二十多年的麻衣，最终也未必会中进士。

早年有志于用世，却一生未入仕的孟浩然，他见过京城的繁华，

高分句子铺

正像太阳会从乌云中探出头来一样，布衣粗服，可以格外显出一个人的正直。——英国剧作家、诗人莎士比亚

人类经常把一个生涯发生的事，撰写成历史，再从那里看人生；其实，那不过是衣服，人生是内在的。——法国作家、音乐学家罗曼·罗兰

见过明艳细滑的丝绸，也穿过雪白的麻衣，也做过白衣公卿的美梦……只是世事无常，他大半生仕途困顿，在经历过痛苦失望后，决定修道归隐。他隐居后，与老朋友在村庄里喝着酒，吃着丰盛但朴素的农家饭，说起种植桑麻、纺织布匹这些日常来，想必是早已放下了。

提分素材馆

古代就有先进的提花机

丝绸如此精美，那么它精致的图案从哪里来？在大多数人的印象中，这些图案是古代妇女一针一线刺绣而成的，但实际上她们早在唐代就用上了提花机！这个提花机的全名叫“束综提花机”，又叫“花楼机”。

据《天工开物·乃服·机式》记载，古人在织造时，使用这个提花机，由两个人配合操作即可。其中一个人坐在花楼的上面，口唱手拉，按照提花纹样逐一提综开口，另一个人要脚踏地综，投梭打纬。你可别小看这个一提一拉的操作，只要凭着一幅画稿，就能将画稿上的图案生动地织在绸缎上。

到了明代，拥有提花机这种神器的古人，又将提花机升级成了“提花机2.0”。古人不仅能将不同的材料交织在一起，还能提高生产效率，原本一次最多织入两根纬线，到明代一次能织入七根，生产效率也提升了好几倍。至嘉靖年间，明代绸缎的丝织工艺有了跨越式的提升，古人居然织出了在黑暗处还能发出光泽的绸缎。由于生产量大幅度提升，绸缎的价格变低，于是绸缎在民间渐渐普及，不再是普通老百姓只能仰望的奢侈品。许多老百姓家里都会有一两件这样的“高定服饰”，过年过节走亲戚就会穿上它。

小轩窗：古人的窗子是怎么来的

江城子·乙卯正月二十日夜记梦

宋·苏轼

十年生死两茫茫，不思量，自难忘。千里孤坟，无处话凄凉。纵使相逢应不识，尘满面，鬓如霜。　　夜来幽梦忽还乡，小轩窗，正梳妆。相顾无言，惟有泪千行。料得年年肠断处，明月夜，短松冈。

真题面对面

【2017 年高考全国Ⅱ卷题】

结合全文（林徽因《窗子以外》），说明文中的“窗子”的含义。

考点直通车

这首悼亡词是在宋神宗熙宁八年（1075 年）苏轼被贬到山东密州（治今山东诸城）时所作，苏轼悼念的正是他的亡妻王弗。王弗十六岁就嫁给了十九岁的苏轼，少年伉俪，恩爱情深。只可惜王弗在二十七岁就去世了，苏轼备受打击，极度痛苦。

在这首悼亡词中，最打动人的莫过于一个细节，就是苏轼梦见自己在家乡与王弗重逢。梦中的王弗“小轩窗，正梳妆”，这种居家日常的场景用白描的手法写出来，往往最触动人心。从这个细节，我们也可以发现当年王弗的梳妆台就安置在小轩窗之下，想必苏轼也曾在这个小轩窗前与王弗画眉点唇，不然的话，何以记忆那么深刻？

万物知识点

古人的窗户最早开在屋顶上

当年王弗梳妆的那个“小轩窗”是古代窗的一种。女子在闺房内梳妆，对采光度要求比较高，所以通常来说小轩窗会安得比较高，这样光才能更多地照在梳妆台上。否则在采光不足的情况下，女子化妆再浓重一些，很难保证不会把自己的妆画花。

只是你知道吗？在远古时期，先人们住的房子是没有窗的。后来他们觉得整个屋子黑漆漆一片，又闷又压抑，于是就在屋顶上开了个“窗”。只不过那时候窗被称为“囱”，相当于天窗。一开始有天窗古人还挺高兴，但渐渐地古人发现想要打开这个天窗实在有点不方便，毕竟窗在屋顶上，需要爬上爬下的。若是遇到雨天，那就更麻烦了。古人决定给天窗挪个地方，就改在了墙上，并将其称为“牖（yǒu）”。

《道德经》十一章中说：“凿户牖以为室，当其无，有室之用。”户就是门，牖就是窗。到了先秦时期，古人将瓮圈砌在墙内，以圈中的空洞作为窗户，所以《礼记·儒行》中称其为“瓮牖”。

窗户不止分割空间，还诞生想象

至汉唐，古代铁器的发展日趋成熟，使得木材制作工艺有了飞跃性的质变，于是古人就不再将瓮圈砌在墙内了，而是设计出了多种多样的木质窗。最为常见的是直棂窗，简单实用，但直棂窗有个问题，它不能打开，因为它的窗框内用方形断面的木条竖向排放。到了明清时期，又出现了另一种直棂窗，在原有的竖向排列木条的上、中、下部位都穿以横向的木条，古人将它称为“一马三箭直棂窗”。这看起来跟现代人的防盗窗很像，只不过古代是木质的，现代是用不锈钢制的。

古代还有一种支窗，也出现得极早。支窗就是一块可以往外推开的木板，开的时候拿一根棍子支上，关的时候就把棍子拿开，窗板就像一个盖子把窗洞盖住了。

现代人买房子喜欢有一整面墙的落地窗，古代的江南地区也流行这种窗，古人将其称为长窗，窗子安装在上槛和下槛之间，所以它又叫“落地长窗”。想想看，打开落地长窗后，古人泡上一杯茶，焚上一炷香，江南的山水园林尽收眼底，尤为惬意。

此外，江南地区还擅长制作墙窗，墙窗就是开在墙上的窗，现代人在逛江南园林的时候，会发现园林里的厅、堂、亭、榭、廊也都会设计墙窗。古人认为直接赏景有直接赏景的开阔，而透过墙窗赏景，别有一番滋味，像是将局部某个场景定格成了一幅画。同时，古人又根据不同的功能与场景，为墙窗设计了花窗、漏窗以及空窗。

武侠片中，用手就能把窗户纸抠开是真的吗

我们在古代武侠片中经常能看到一个人趁别人睡着时，用手指将窗户纸给抠开，然后点上所谓的“迷魂香”，这样就可以窃取物品了。还有一些古装剧中，一个人为了偷窥剧中主人公的言行，于是就用手指将窗户纸抠一个大洞，从这个洞中偷窥一切。

这种情节还真的存在，但起码得是汉代蔡伦改进造纸术以后，古人才能拥有窗户纸。那么在窗户纸之前，古人用什么来糊窗？还记得“云母屏风烛影深”这句诗吗？其中的“云母”不仅可以制作屏风，也可以用来糊窗。与制作屏风的工艺一样，人们要将云母磨成薄片，再将其安装在窗子上。只不过开采云母有些困难，所以只有富贵人家才能使用。比云母还要奢侈的，还有琉璃。早在西汉时期，琉璃就已传入中国，据《西京杂记·昭阳殿》记载，赵飞燕住的昭阳殿就有很多琉璃窗：“窗扉多是绿琉璃，亦皆达照，毛发不得藏焉。”只不过，琉璃这么奢华的材质，还是用在窗子上，也只有宫廷中才有，就连王公贵族都用不上。

云母、琉璃，听起来这么美，但还有一种材质，名字更好听，

叫“海月”。海月可不是什么宝石，而是一种不等蛤科动物，它的壳圆圆的、扁扁的，薄而透明，采光极佳，古人将其称为“窗贝”“明瓦”。将海鲜的贝壳用于建筑设计，还真不是就这一种情况。生活在岭南地区的古人还曾用过生蚝的壳做墙，用来抵挡台风，也有的人将生蚝的壳镶嵌在窗框内。难怪宋代诗人梅尧臣有诗说：“淮南寄我玉

古人透过这些窗，看到了外面的世界，也会倚在窗前，品味着他们内心的快乐与忧愁，于是窗也成为古代文学作品中最常见的一个意象

醅酒，白蚶海月君家有。”

既然有用贝壳的，那么关于糊窗材质的思路当然得更加开阔，于是古人就盯上了鱼。吃过鱼头的人都知道，鱼头里的软骨、鳃盖、鳞甲都呈半透明状，有的甚至70%都是透明的。古人一拍脑袋：“这么坚韧，又这么透明，怎么能不用来糊窗子？就你了！”经过清洗、刮片、浸蒸、压平后，鱼的这些部位就变成了糊窗佳品，镶嵌在小窗之上，古人称之为“鱼枕”。这种鱼枕不仅可以用来糊窗子，还可以用来做冠饰。不过鱼枕有一个缺点，就是不耐用，得经常更换，所以一般老百姓家也不太用得起。

寻常百姓家都会用什么来糊窗子呢

寻常百姓家糊窗子其实只有一个原则：什么能糊就糊什么，什么耐用就用什么。如草席、兽皮、麻布、厚树叶、绸布……遇到极端天

高分句子铺

小巷，又弯又长，没有门，没有窗，你拿把旧钥匙，敲着厚厚的墙。——当代诗人顾城《小巷》

读了一本书，就像对生活打开了一扇窗户。——苏联作家高尔基

习惯是很难打破的，谁也不能把它从窗户里抛出去，只能一步一步地哄着它从楼梯上走下来。——美国作家马克·吐温

气，如暴雨天等，古代老百姓也很干脆，直接就用木板把窗子给盖起来：“大不了我不要采光，不能为了采光把自己给冻坏！”一直到魏晋南北朝时期，造纸技术得到了进一步发展，老百姓渐渐地能用上纸了，所以后来才开始用纸来糊窗户。

不过古人日常写字的纸用来糊窗子是不是太薄了？这个问题古人也考虑到了，他们大多选用的是藤纸与楮树皮纸。藤纸是用藤树皮做出来的纸，又叫“剡纸”，藤纸非常坚韧，耐用性强，一般刮风下雨都能抵挡。而楮树皮纸是用楮树皮制作而成，与藤纸的优点一样，非常坚韧耐用，比如古代的纸币有的就是用的这种纸。那么问题来了，开头说的古代武侠片里用手一捅就破的窗户纸究竟存在吗？当然存在，毕竟一分价钱一分货，古代买不起质量好的窗户纸的老百姓就只能买价格低廉的，而商家为了压缩成本，窗户纸自然不会特别坚韧耐用。好在随着工艺技术的不断提高，古人在烧制瓷器的时候，烧制出了玻璃，于是在明代就有了玻璃，也就有了玻璃窗，只是还不普及。到了清代，西方的玻璃传入我国，渐渐地，玻璃窗也就普及开来。

没想到我们日常随处可见的窗子，在它的背后居然还有这么多故事，它凝结了古人的智慧，也处处展现着中国古代建筑的美感与韵味。难怪清代文人李渔在《闲情偶寄》卷四《取景在借》一文中写道：“开窗莫妙于借景。”他还盛赞窗户“物小而蕴大”。窗不仅可以让窗外的景色定格在某一瞬间，还能与人的内心相契合。历代文人都对窗情有独钟。

提分素材馆

为什么事发在“东窗”

我们在描述一件事情，尤其是罪行与阴谋败露的时候，会说“东窗事发”，那么为何偏偏是东窗？这与一段历史传说有关。当年秦桧想要杀害岳飞，他曾与妻子王氏在东窗下密谋。秦桧死后，因为坏事做尽，所以他被打入了十八层地狱，日日受苦。他的妻子王氏请道士为他“招魂”，并且派道士去“探监”。秦桧见到道士后，一脸惊恐地对道士说：“麻烦您转告我的夫人，东窗事发矣！”当这个传说流传开来，人们就用“东窗事发”指坏事败露，而“东窗计”“东窗消息”就是指陷害忠臣良将的诡计。

“东窗”这么恐怖，“西窗”却格外情意绵绵。我们在古代诗词中经常会读到一些思妇诗词，诗中的主人公往往都在思念自己的丈夫，那么远方的丈夫会思念自己的妻子吗？当然会，“西窗”就代表古人在思念远方的妻子，盼望与其团圆。这得归功于李商隐的《夜雨寄北》一诗，其中有一句为“何当共剪西窗烛”，含蓄而充满爱意。

“东窗”“西窗”都说了，干脆也说一下“南窗”与“北窗”吧！“南窗”与“北窗”的意思差不多，都与陶渊明有关。陶渊明是一位著名的隐士，他曾写过“我屋南窗下，今生几丛菊”“倚南窗以寄傲，审容膝之易安”……所以“南窗”代表的是自得其乐、淡泊明志、超然物外的情怀。而“北窗”，则有“北窗高卧”“北窗眠”等词。除了陶渊明，辛弃疾也曾在《水龙吟》中写过：“老来曾识渊明……问北窗高卧，东篱自醉，应别有、归来意。”在北窗下面躺着睡觉，就被古人用来比喻闲逸自在，安贫乐道。

雨具：古人雨天的装备只有“蓑笠”？太天真

江　雪

唐·柳宗元

千山鸟飞绝，万径人踪灭。

孤舟蓑笠翁，独钓寒江雪。

真题面对面

【2018年高考全国Ⅲ卷题】

下列地区中，宜作为油纸伞重点推销市场的是（　）

A.欧洲西部　　B.中亚　　C.中东　　D.撒哈拉以南非洲

考点直通车

唐顺宗永贞元年（805年），柳宗元参加了王叔文集团发动的永贞革新运动，以推行内抑宦官、外制藩镇的整治措施。但很可惜，改革失败了，柳宗元被贬为永州（治今湖南永州零陵）司马，且要流放十年。永州司马看起来是个官职，实际上柳宗元手里并没有权力，反而要像囚犯一样被管制与软禁。政治上的失意，生活环境的险恶，这些并没有压垮柳宗元，他带着诗人的浪漫去大自然中排解内心的孤独与痛苦。

这首《江雪》就是柳宗元在永州时创作的，想来在写这首诗的时候，柳宗元必定又在山水中排解自己的苦闷。他去的是什么样的地方呢？千山万径，人鸟绝迹，而那天还大雪纷飞，天寒地冻，听起来就很冷。在这种极寒天气下，江面上只有一条小船，船上只有一位穿戴着蓑笠的老翁，他独自在寒冷的江面上钓鱼。整首诗读来简洁凝练，却又意蕴丰富，那个在江面上独自钓鱼的老翁又何尝不是在险恶政治环境中生存的自己？其中，“孤舟蓑笠翁”成为文学绘画创作中的典型形象，不少文人墨客都描写或画过“孤舟蓑笠翁”，而“蓑笠”也常常让后人感到好奇：它真的能遮挡雨雪吗？除了蓑笠以外，古人还有什么雨天装备？

万物知识点

先“从头说起”，扒一扒笠的前世今生

早在远古时期，我们的祖先在遇到倾盆大雨的时候，只能选择躲，然而这雨要是连续下几天的话，那雨是淋不着，但人就要挨饿

了。他们又不可能点外卖，肚子饿了只能出去采摘或打猎，可一出门就得被雨淋，于是他们可能心想：“如果能有一个可以随着我移动的盖子就好了！”

当车出现后，这个可以随着人们移动的盖子也出现了，不过它被安在双轮车上，叫“舆盖”，即车盖子。既然坐着的车上有盖子可以挡雨，那么下车的话，手上拿着这个盖子应该也是可以的吧？毕竟，古代的“有车族”并不多。顺着这个思路，古人发明了一种可以用手拿着的盖子。《左传·昭公二十年》载：“华寅肉袒，执盖以当其阙。”公元前522年，卫国发生了内乱，卫灵公逃到了国都的郊外。在逃亡路上，袭击不断，于是副车华寅手里拿着盖子，遮住了车上的空缺处，如此就挡住了兵器的袭击，将卫灵公保护起来。可见，春秋时期就已经出现了手持盖子，只不过这个盖子一定很结实，否则，怎么抵挡得住敌方的刀剑？

只是，这个盖子是用来挡雨的吗？对此，《孔子家语》卷九中给出了答案：“孔子将近行，命从者皆持盖。已而，果雨。巫马期问曰：‘旦无云，既日出，而夫子命持雨具，敢问何以知之？’孔子曰：‘昨暮，月宿毕，《诗》不云乎？‘月离（lì）于毕，俾（bǐ）滂沱矣。’以此知之。”孔子要出门，让弟子们都拿好雨具，没过多久，果然就下雨了。子期觉得很神奇，就问孔子：“先生啊，刚刚明明是个大晴天，您怎么会想起来让我们带雨具的呢？”孔子就答道：“昨天晚上月亮靠近毕星，《诗》不是说了吗？只要月亮靠近毕星，就会下雨。我由此得知。”在原文中，“命从者皆持盖”与“夫子命持雨具”这两句话相对应，即可得知盖就是当时的雨具。

雨天扛着一锅盖出门，看起来太不酷了吧

然而就算盖能挡雨，拿着它也不舒服啊，这相当于在雨天扛着一个巨大的锅盖出门。看起来不够酷，拿着又非常重。要是背上它出门，本以为要下雨，结果又没下，古人岂不是要哭晕了？其实，这时候的盖已经有所改良，它由茅草编制而成，看起来更像一个厚厚的席

南宋李迪《风雨牧归图》

子。这种盖子戴在头上怎么看也不方便，于是古人又对它进行了改良，渐渐地缩小，最后成为我们在古诗文中见到的“笠”。

不过笠也不都是用茅草、蒲草等编织而成的。唐代诗人张志和曾写道：“青箬（ruò）笠，绿蓑衣，斜风细雨不须归。”其中“箬笠”就是用竹篾和箬叶编织而成的尖顶帽子，因为单用竹篾的话，帽子就会有缝隙，雨水就会流进来，那戴上还有什么用？箬叶来自竹子“箬”，是一种非常阔大的叶子，古人常用它包粽子。因为叶片阔大，相较于竹篾又比较柔软，将其与竹篾一起编织，就会将笠上的空隙封住。古人戴上这种箬笠，就不会淋湿头发。至于“青箬笠”是指青色的笠。当笠刚被做好时，它的原材料竹篾与箬叶上面的青色尚未褪去，甚至还有淡淡的竹叶清香，难怪很多文人雅士都对“青箬笠”爱得要命。

簦、蓑衣、油衣、油纸伞……为了挡雨，古人真是操碎了心

除了笠，古人头上还有一种雨具，它被称为“簦（dēng）”。《急就篇》颜师古注：“簦、笠，皆所以御雨也。大而有把，手执以行，谓之簦；小而无把，首戴以行，谓之笠。”簦其实是笠的升级版，它覆盖的面积要比笠大，不用戴在头上，可以直接用手拿着。

这么说，簦又可以被理解为伞的前身，只不过它不能像伞一样开合自如。你可别看簦在诗文中的出现率不高，它可是一直都存在。据《史记·平原君虞卿列传》记载，战国名士虞信曾穿着草鞋，肩上背

着簦盖去游说赵孝成王！到了清乾隆年间，从当时的笔记小说来看，簦依然作为雨具出现在古人的生活中，只不过那时候它也可以像伞一样开合自如了。

说完古人头上的雨具，那就得说说他们在雨天身上又会穿什么。从柳宗元的诗句“孤舟蓑笠翁”来看，这个在江面上独钓的老渔民穿的是蓑衣。早在先秦时期，就已经有蓑衣了。古代的蓑衣一般来说是上下两件套，上身是斗篷状的披风，下身是一个整片式的围裙。由于应用广泛，蓑衣早已成为雨衣的代称。

除了蓑衣，古代还有一种雨衣，叫油衣。油衣的款式与蓑衣没有什么差别，但它利用了油脂不吸水的特点，将布料或纸张放在油里泡制而成。这个制作工艺听起来就有点奢侈，普通老百姓肯定穿不起，不过这不妨碍它出名，因为它有一个代言人，就是隋炀帝杨广。杨广素来矫揉造作，没事就喜欢整点风头出来。某天他去观看打猎，半道

高分句子铺

人生是海洋，希望是舵手的罗盘，使人们在暴风雨中不致迷失方向。——法国启蒙思想家、哲学家狄德罗

安得广厦千万间，大庇天下寒士俱欢颜，风雨不动安如山。——唐代诗人杜甫

一朵成功的花都是由许多苦雨、血泥和强烈的暴风雨的环境培养成的。——现代作曲家冼星海

上天空下起了雨，于是在左右侍奉的人就将油衣披在了他的身上。杨广一脸的“大义凛然”：“战士们全身都湿透了，我一个人披着油衣有什么意思！脱！”

到了唐代，油衣渐渐普及了，老百姓也都在雨天穿上了油衣。当油衣不再那么稀奇的时候，就有人开始吐槽了，这个人就是唐太宗李世民。《新唐书》卷一百九十八和《旧唐书》卷一百八十九上对此都有记载。某天，谏议大夫兼弘文馆学士谷那律跟着唐太宗李世民一起去打猎，路上下起了雨。大概是李世民的油衣没有遮挡全身，于是他嘟囔道：“这个油衣怎么才能不漏雨？”谷那律直接怼他：“哦，有一个办法，那就是用瓦片来当材料，这肯定不会漏。”

有了油衣以后，古人手中的伞也得到了改良。自唐代以来，油纸伞开始出现在古人的生活中。油纸伞的制作工艺并不复杂，由工匠在纸上涂满桐油，就可以起到防雨的作用。不过仅仅是防雨，已经不能满足古人的需求，于是古人又开始折腾了。他们取来宣纸，让书画家在宣纸上题诗作画，然后将书画好的宣纸做成伞面，最后就成为现代人常能见到的书画油纸伞。人们用这种伞既能挡雨挡雪，又能欣赏书法画作，简直是给雨天增加了一道风景。宋代时，流行色变为绿色，于是“绿油伞”便流行起来，《清明上河图》中就有人打着这种绿油伞逛集市。

看来，古人为应对雨雪天还是很有办法的，他们创造出这么多雨具来，我们现代人雨天出门不必淋雨，还真的要感谢古人。

提分素材馆

滑翔伞、降落伞……与古人有关系吗

说起伞，现代人想到的早已不只是遮阳挡雨雪的伞了，还会联想到降落伞、滑翔伞或跳伞等，这些与伞相关的事物，古人都有参与吗?

《史记·五帝本纪》记载：“瞽（gǔ）叟尚复欲杀之，使舜上涂廪，瞽叟从下纵火焚廪。舜乃以两笠自扞而下，去，得不死。”这段文字给我们讲述了一个悲伤的故事，主角是传说中“三皇五帝”之一的舜。

相传舜在二十多岁的时候，就以孝行而闻名，但他生长在一个“问题家庭”。舜的母亲很早就过世了，他的父亲瞽叟再娶，并生下了一个儿子叫“象”。舜的父亲偏爱小儿子，看着舜娶了尧的两个女儿，还得到了很多财物，居然想杀死舜，并侵吞舜拥有的一切。瞽叟总共设计了三次“暗杀行动”，其中有一次是让舜上仓廪上干活，舜没多想就去了，不承想瞽叟在下面放起火来，打算烧死舜。舜吓得不轻，慌乱中他急中生智，抓住两个斗笠从仓廪上跳了下来，结果却毫发无损。

瞽叟这次“暗杀行动”失败的原因并不是舜福大命大，而是舜抓着的两个斗笠救了他一命。斗笠的外形与伞差不多，在舜从仓廪上跳下来的过程中，因为其特殊的形状而形成了空气的阻力，这样舜才得以减缓掉落的速度，从而安全降落。这与现代人的降落伞、滑翔伞的原理几乎一样。

虽然设计降落伞并付诸应用的是法国人诺尔曼，但我们的古人在此之前就已经设计了类似于降落伞、滑翔伞的雏形。

古代画船：能举行“签售活动”，也可作为“流动画室”

菩萨蛮·人人尽说江南好

唐·韦庄

人人尽说江南好，游人只合江南老。春水碧于天，画船听雨眠。　垆边人似月，皓腕凝霜雪。未老莫还乡，还乡须断肠。

真题面对面

【2019高考天津卷题】

__________，画船听雨眠。（韦庄《菩萨蛮》）

考点直通车

韦庄身处乱世，他经历了唐末由衰弱到灭亡，又经历了五代十国的分裂混乱，他的一生可谓颠沛流离，直到五十九岁才结束了这种生活。当年黄巢攻入长安后，韦庄一路逃到了南方，四处流浪。这看起来颇为辛酸的岁月，在晚年之时，韦庄却尤为怀念，于是他写下了这首《菩萨蛮》。词中描写了江南水乡人美、景美、生活美，每一句都流露出韦庄对江南的热爱与怀念。在这种对江南的怀念中，我们又能读出韦庄内心对漂泊难归的愁苦孤独之感。

在描写江南水乡时，韦庄用“春水碧于天，画船听雨眠”，一下子就营造出一种惬意的生活美感。在那碧绿的江面上，躺在画船里听船外的雨声，那是何等自在，何等逍遥，岂是战乱频仍的中原可比的？江南水乡，处处都是水，于是江南人出行娱乐大多靠船。韦庄写到的“画船”指的是装饰精致的船，但装饰精致可不是画船的精髓哦！

万物知识点

不同于豪华奢靡的游船，画船重在“雅”

南朝时期，梁武帝萧衍设计了一种“鳊（biān）鱼舟”，这种游船的外形就跟鳊鱼一样，身材阔大，但身量短小。梁朝刺史羊侃，还在游船上搭建小楼。这艘搭建了小楼的游船上有帷屏，有酒水餐饮以及歌女舞姬，简直就是活脱脱的“水上俱乐部”，这种游船又被称为“楼船”。后来，只要是装饰豪华且高大的游船，不管它有没有盖楼，一律都叫“楼船”。

只是这些奢华的游船终究不是普通人能消费起的，古代的文人雅士也会觉得有些俗气，不够雅致，于是江南的画船便在众多游船中脱

我国古代水路十分便利

颖而出。画船又称为画舫、花船。不同于豪华奢靡的游船，画船重在一个“雅”字。

从整体上看，画船的造型十分优美，其全身更是布满各种雕饰。在船头上，古人会装饰上猛虎与雄狮，它们大口张开，仿若要吞下整个江河。船尾却不是猛虎与雄狮的屁股和尾巴，而是被装饰上了大鹏或雄鹰。这个设计源于古人的一个观念：前后皆有猛兽镇船，就可以驱恶辟邪，一路平安。也许是为了给后面的船只提个醒，担心追尾，画船的船尾通常会涂上非常醒目的颜色，或者画上一些故事性的图案，最后再在船尾写上画船的名字。

画船的船舱相当于船的“心脏”，内部装饰几乎可以用“雕梁画栋”来形容。虽然船舱里的绘画大多是龙凤瑞兽、日月云彩，或是一些如八仙过海、观音踏莲等神话传说，没有什么新意，却不失精致。画船上的游客常常坐在精美的船舱中，或望着船外的风景，或与同船的人闲聊。那么船上的“工作人员”平日住在哪里？当然是船尾，画船的船尾通常会设一个尾楼，行船的人可以在其中吃住。

朱元璋叹了一口气，竟加速了画船的发展

到了明代初年，有一次朱元璋微服出访，漫步在秦淮河边，他看见两岸朱楼画阁，甚是繁华，只是这江南水乡没有船是怎么回事？朱元璋叹了一口气，地方官员吓个半死，赶紧开始制作画船，来不及做的，还从外江收购回来一种陈旧的红船，在红船的基础上加以设计改造。

谁能想到朱元璋叹了一口气，居然加速了画船的发展？从那以后，秦淮河上的画船被分为五等：一等名为“走舱”“大边港”，这种画船是豪华奢侈版的，船舱宽敞到可以摆宴席。在船舱的后部，还盖有楼阁，可以爬上去远眺美景。二等叫“小边港”“四不像”，船舱内可以坐二十多个人，还有歌女乐师在船上弹奏演唱，堪称性价比之王。三四等为“气不愤”“篷棚”，这种船相当于飞机上的经济舱，船舱内有一张牌桌，最多可以坐下十个人。最便宜的当数五等

船，叫“漆板（七板子）”，船头可以放两张凳子，船上还悬挂着一只灯笼。明代的老百姓最常坐的就是五等船，于是有人为此题联：“百个半锤，打不醒痴人幻梦；一只七板，也来学浪子风流。”

到了清代，画船的工艺又提升了，竟然安上了玻璃窗。如此一来，画船在夏天，可以开窗乘凉，感受一下“清风徐来，水波不兴”；到了冬天，又可以把船窗关上，游客们在船舱内围着炉子吃酒喝茶，好不快活。

画船发展得如此迅速，可想而知画船上的商业活动也会丰富起

明代沈周《京口送别图》中的船

来。通常画船上会为游客准备一些酒水饮料、餐食点心，还会有歌女舞姬以及乐师等在船上进行表演。可是你能想到吗？在画船后面，往往还会跟着另一种船。这种船穿梭于各个画舫之间，被称为“行庖”“水宴”，它专门为画船上的游客提供酒食。

画船居然还是古代文人的“流动画室”

吃吃喝喝看风景这没什么，但你能想到吗？古代文人居然将画船当成了画室，于是画船又成了文人们的“书画船”。这事儿是宋代的大书法家米芾挑的头，不过也不奇怪，米芾这人本来就有点“疯疯癫癫”的，他最喜欢整出点幺蛾子来。崇宁年间（1102—1106 年），米芾出任江淮六路发运使，他得经常坐船在江浙以及湖北一带往来。

长时间坐在船舱里有些无聊，作为文人的他只能写字画画，还藏了一些名画法帖在船上。估计米芾觉得这不过瘾，不足以体现他的个性，于是他就在船头高悬“米家书画船”的匾额。这么大的幺蛾子，没个人捧场不是白忙乎了吗？黄庭坚很给这位老兄面子，作《戏赠米元章》：“万里风帆水著天，麝煤鼠尾过年年。沧江静夜虹贯月，定是米

高分句子铺

船到江心补漏迟。——元代戏曲作家关汉卿《救风尘》

宰相腹中撑得船过。——明代文学家冯梦龙《警世通言·杜十娘怒沉百宝箱》

家书画船。”此举一经传播，什么“张家书画船”“王家书画船”“李家书画船”全出现了，估计能凑齐半部《百家姓》。

也有玩过头的。比如南宋书画家赵孟坚。赵孟坚是宋太祖的十一世孙，他继承了老赵家的“文艺基因”，对书画的鉴赏能力堪称精绝。赵孟坚在江南之时，他也有一条书画船，但这条书画船上只留了一个床榻之地用来休息，其他地方全部摆满了书画古玩，只要把玩鉴赏这些心爱之物，他就会废寝忘食。据说他曾在开庆元年 (1259 年) 得到了定武本《兰亭序》，结果在太湖支脉长荡湖游玩的时候，一不小心书画船翻了。赵孟坚先是弄了个浑身湿透，随即他就在浅水处站起身来，大声喊道：“兰亭在此，余不足惜也。”

相比前两位，还是明代书画家董其昌看起来比较正常。董其昌少年成名，科举仕途也非常顺利，但他在自己的鼎盛时期选择了明哲保身，屡次向朝廷提出“辞职”。每当空闲，董其昌都会坐着自己的书画船在长江、太湖一带往来，他的很多书画作品都是在船上完成的，他有时还会在书画船上举行“签售活动”。

江南水乡的美，书画船的雅，总是会给文人带来无限的灵感与思绪。画船作为游船的一种，它既是古人的交通工具，也是古人的娱乐场所，更是古人的书房，甚至很多古人以画船为家。它承载了古人的悲欢离合，也承载着古人的诗意与浪漫，它岁岁年年，周而复始，从历史中游来。

提分素材馆

古诗词中的"渔火"是什么

南齐有一个大臣叫张融，他返乡后回到金陵（今江苏南京），皇帝就问他住在哪里，张融觉得皮一下很开心，于是告诉皇帝："哦！臣陆处无屋，舟居非水！"皇帝顿时一头雾水，心想：这说的都是啥？好在张融的兄弟在一旁，他担心张融皮得过火，于是就告诉皇帝："权牵小船，于岸上住。"原来当时的船是可以作为住宅的，很多船民、渔民的船就是他们的家。

我们在很多古诗词中都会看到渔民以船为家的痕迹，比如《枫桥夜泊》中有"江枫渔火对愁眠"、《舟夜书所见》中有"月黑见渔灯"……渔民在船上讨生活与文人在书画船上搞创作是两码事，渔民可是为了生存。古代渔民的生活极为艰苦，他们不仅常年打鱼，饱受湿冷之苦，平日里性命还常被置于水上。尤其是海上的渔民，他们还有一个别称叫"疍（dàn）民"。这个别称的意思是他们就像浮在盐水上的鸡蛋，生命时刻有危险，却永远不会上岸。这是因为古代渔民吃住都在水上，到了陆地上后，他们既没有房屋，也没有耕地，地方官府也不会管他们，所以古代渔民干脆就在水上漂泊。至于在江上生活的渔民，他们的生活也好不到哪里去。

渔民在晚上睡觉之前，都会在船头挂上一盏灯，以提示往来的船只，千万不要碰撞。而这盏灯，常常会吸引到远处人生失意的诗人，他们看着江海上的这一点光亮，会顿生孤独之感，于是"渔火"就常被写进诗词中。只是这些诗人不知道，船中的渔民或许更加孤独。

第五辑

奇巧发明

叆叇：为何一个形容浓云蔽日的词语竟被用来命名眼镜

从此就看见许多陌生的先生，听到许多新鲜的讲义。解剖学是两个教授分任的。最初是骨学。其时进来的是一个黑瘦的先生，八字须，戴着眼镜，挟着一叠大大小小的书。一将书放在讲台上，便用了缓慢而很有顿挫的声调，向学生介绍自己道：

“我就是叫作藤野严九郎的……”

——选自鲁迅《藤野先生》

真题面对面

【2022年上海普陀高三二模题】

在飞速发展的社会里，新生事物层出不穷，新知识、新科技、新生活、新思想……人们倾向于认为“新总是比旧好”。对这一观点你怎么看？请写一篇文章，谈谈你的认识和思考。

考点直通车

在鲁迅先生的一生中，有几位老师令他终生难忘，比如儿时三味书屋的寿镜吾先生，以及他在日本留学时的藤野先生。当然，每个人在回忆起自己的老师时，首先想到的都是他的样貌与穿着打扮，鲁迅先生也是如此，所以在文章一开头他就描述藤野先生“黑瘦”“八字须”“戴着眼镜”……恰巧，鲁迅先生儿时的老师寿镜吾也是“戴着眼镜”。民国以来，我们所熟悉的文人大多都戴着一副眼镜，想来是读书太用功，伤害了视力。近现代的知识分子都戴上了眼镜，那么每天点灯熬油准备科举考试的古人岂不是更有近视的可能？他们近视了怎么办？会给自己戴上眼镜吗？

万物知识点

在古代，眼镜叫“叆叇”

古代照明条件很差，有钱人家是点灯点蜡烛，而穷苦人家夜晚想要读书，只能“凿壁偷光”“囊萤映雪”……寒窗苦读数十载，想不近视都难。早在唐代，医学家孙思邈就在《千金方·上七窍病·目病第一》中指出夜晚读书对眼睛会造成极大的伤害。

然而爱护眼睛的道理人人都懂，只是实施起来太难，毕竟书要看，试要考，于是眼镜渐渐地出现在古人的生活中。最初，古人的眼镜叫“叆叇（àidài）”。这个词最早出现在西晋时期，文学家潘尼的《逸民吟》中写道：“朝云叆叇，行露未晞。”这里的“叆叇”，南朝梁太学博士顾野王解释为“云貌”，《辞海》（第七版）注其含义之一为“云盛貌”，《现代汉语词典》（第 7 版）注为“形容浓云蔽日”。

惊！“叆叇”可能是舶来词

问题来了，为什么一个形容浓云蔽日的词语竟然被用来命名让人看得更加清楚的眼镜呢？对此有两种说法：一种说法是戴眼镜的人遇上水蒸气，镜片就跟天上的浓云蔽日一样，所以就用“叆叇”来形容。还有一种说法，“叆叇”这个词源于对外语词汇的部分音译。

北宋时期，眼镜还没有出现，但古人已经可以用放大镜看字了。如苏洵的老乡兼老友史沆，他在担任执法官的时候，就拥有一种水晶制的“神器”，可以用来放大案卷上的字。至今能查到的最早与眼镜有关的文字记载是在南宋时期。祝穆《方舆胜览》中记载：“满剌加国出叆叇。”同时期的赵希鹄在《洞天清录》中明确：“叆叇：老人不辨细书，以此掩目则明。”其中“满剌加”即现在的马来西亚的马六甲。由此可以这样理解，眼镜的产地决定了它的发音。在马来语中，表示“眼镜”的词是 cermin-mata，mata 的尾音 ata 与“叆叇”的读音接近，所以在翻译的时候，古人就给眼镜取名为“叆叇”。

这两种说法看起来都很有道理。到了明代，“叆叇”又被称为“眼镜”。若是从眼镜的产地来看，马来语 cermin-mata 的意思是“眼睛的镜子”，古人究竟是直接翻译的马来语，还是创造了一个汉语的自造词，这至今都是一个谜。此外，眼镜在古代除了叫“叆叇”以外，它还被称为“僾（ài）睫”，也有古人称其为“读书石”“单照”“眼环”等。

古人与眼镜的那些事儿

从史沆的相关记载来看，古代的眼镜一开始用的是水晶石镜片。这种水晶石镜片早在东汉时期就有了。江苏汉广陵王刘荆墓中就出土了一枚用水晶制作的“放大镜”，外圈用金圈包裹，样式极为精致，拿在手中使用的时候，便不会磨破手指。同时，这也说明东汉时期人们就懂得使用水晶制作凸镜。西方国家的人们也很早就知道用凸透镜可以放大书本上的字或物体，只不过他们选择的是玻璃。有一点中西

高分句子铺

眼睛如果还没有变得像太阳，它就看不见太阳；心灵也是如此，本身如果不美也就看不见美。——古罗马时期希腊哲学家普洛丁

在你有权力有名望的时候，卑鄙的人是不敢抬起嫉妒的眼睛看你一眼的；然而，到你一落千丈的时候，显示最大的毒辣的就是他们。——俄国作家克雷洛夫《克雷洛夫寓言》

方国家很一致，那时候的镜片都是手持的，古人就没想到把镜片架在自己的鼻子上。

到了明末清初，终于有个人觉得将镜片挂在脖子上，或手持使用太不方便，于是他发明了眼镜架。这个人就是苏州的孙云球。他13岁考上秀才，卖过草药，但他对制造器械更感兴趣。当时已经有从国外传入的玻璃镜片了，但孙云球可以用水晶进行手工打磨。经过对客人的观察以及自己的体验，孙云球开始对镜片进行外观设计，他先给镜片加了个鼻梁架，又在镜框的两侧加了根绳子。如此一来，客人想用眼镜的时候，就把眼镜架在鼻梁上，把绳子套在头上，拉到耳朵后面，这样两只手就能腾出来干点别的事情。在仇英的名画《南都繁会图》中，就有一个戴着这种样式眼镜的人。

对眼镜这种“新生事物”，古人拥有后，自然是特别欣喜。如明代最早记录眼镜的张宁《方洲杂言》中说，宣德朝的重臣胡濙（yíng）得到了皇帝赏赐的一副折叠式眼镜：“如钱大者二，其形色绝似云母石，类世之硝子，而质甚薄，以金相轮廓而衍之为柄，纽制其末，合则为一，岐则为二，如市肆中等子匣。”果然是皇帝赏赐的，这种折叠式眼镜不仅镜片很薄，居然还镶了金边。也有人描述戴上眼镜后的世界，如明代的名臣、诗人吴宽，他曾在诗中激动地写道：“蝇头琐细字，明莹类椽笔。……世传离娄明，双睛不能没。”吴宽也是真浮夸，说戴上眼镜后，原本的蝇头小楷变得如椽之大。也有喜欢搞笑的，如清代官员张若瀛，他戴上眼镜后玩起了自嘲：“终日耳边拉短纤，何时鼻上卸长枷。天涯莫道无同调，磨面驴儿是一家。”他居然说自己戴上这种眼镜就跟磨面的驴子一样，因为驴子在磨面的时候也要蒙上眼睛，这也太幽默了吧？

提分素材馆

眼镜达人——雍正皇帝

古代工匠在掌握了磨制镜片的原理后，早已生产出了本土化的玻璃眼镜。不过，明清时期传教士来到中国后，还是喜欢将眼镜作为进献的礼品。虽然这时候眼镜已经不那么稀奇了，但这不妨碍有人对眼镜的痴迷，这个人就是雍正皇帝。

据载，雍正七年（1729 年），西洋有个商人进献了一副眼镜给雍正。雍正试戴后，感觉还可以，但觉得这个款式不是很喜欢，于是下旨让人按照自己常用的眼镜加上玳瑁的装饰改个款，同时还对郎世宁说：“记得把盒子上的洋文翻译一下再呈给我！”如此看来，雍正对眼镜还挺有想法。据当时的内务府统计，雍正的眼镜不仅区分了用途，还区分了时间与场景。最初，一个时辰用一副眼镜，一天用十二副眼镜，但雍正帝对眼镜的要求特别高，如果是度数或者款式不如意，他就要人重新做。他有时会到宫里的别处，为了方便，就让人多做些眼镜，以方便自己随时都有符合心意的眼镜戴。到最后，雍正在十二个时辰里，总共配齐了二十四副眼镜！真正的眼镜达人！

风筝：人类最早的飞行器，从中国飞向了世界

村　居

清·高鼎

草长莺飞二月天，拂堤杨柳醉春烟。

儿童散学归来早，忙趁东风放纸鸢。

真题面对面

【2023年广西南宁中考题】

以“原来，平常也可贵”为题，写一篇记叙文。

考点直通车

清代诗人高鼎在古代文学史上是一个没有什么故事的人，但他留存的诗作总是让人眼前一亮。这首《村居》是高鼎于晚年时创作，彼时的他归隐于今江西上饶地区，闲居在农村。从诗歌的前两句可以看

出，这首诗写的是春日里的村庄，草长莺飞，河堤边的杨柳抽出新芽垂落在水面上。这么美好的日子，自然少不了孩童的欢笑声，只见一群活泼的儿童早早放学归来，趁着东风还在，赶紧放下书包放风筝。整首诗充满欢乐的情绪，让人沉醉于春天的美景与勃勃生机。

诗人高鼎是清代人，那个时候风筝已经走入寻常百姓家，放风筝是妇女儿童极为喜爱的游戏之一，但在清代以前，风筝又有着怎样的故事呢？

万物知识点

墨子制木鸢，三年而成

古时候风筝有很多名字，这些名字都跟飞禽有关：纸鸢、风鸢、风鹞（yào）、鹞子、纸鹞、纸鸦、纸鸱（chī）……鹞和鸢是同一种飞禽，即鹞鹰。据说这种鸟可以长时间在天空中平展双翅，盘旋不已，但它的翅膀可以做到一动不动，这不就是活的风筝嘛！所以人们就把风筝称为“鹞”和“鸢”。这也可以得出一个结论：最早制作风筝的人，肯定是受到了这种飞禽的启发。

能像鸟儿一样在天空中自由翱翔一直以来是古人的愿望，当古人经过无数次尝试后，发现让自己直接飞上天实在是太难了，还是先发明一样东西代替自己飞比较靠谱。从春秋战国时期开始，就有与风筝相关的文字记载。如《韩非子·外储说左上》记载：“墨子为木鸢，三年而成，蜚一日而败。”又如《墨子·鲁问》记载：“公输子削竹木以为鹊，成而飞之，三日不下。”相传墨子花了三年的时间，研制出一种木鸟，能在天上飞，但是只能飞一天。鲁班用竹子制作的鹊鸟，据传可以在天上飞三天。

这一时期的人们是用竹木仿制鸟的外形，使其能飞上天空，但与现代的风筝还有很大的差距，所以“木鸢”只能算是风筝的前身。真正与现代人理解一致的风筝出现在东汉以后，而“风筝”一词初次出现在五代时期。史料记载，风筝，“即纸鸢，又名风鸢。初，五代李邺于宫中作纸鸢，引线采风为戏，后于鸢首以竹为笛，使风入竹，声如筝鸣，俗呼风筝”。

最早居然是被用于军事

古人费了老大劲才发明了风筝，并且经过了无数次的改良，他们的目的当然不是玩。你能想到吗？我们在春秋天常见的风筝，最早居然被用于军事。关于这一点，也有好几种说法。

据载，鲁班发明了可以在天上飞三天的竹鹊，主要是想乘着它去侦察宋国的都城。顺着这个思路，有史料称发明风筝的人是西汉初年的韩信。据《古今事物考》记载，楚汉相争之时，项羽的楚军被围于垓下，这时候的楚军还斗志满满。为了瓦解楚军，韩信发明了一个超大的牛皮风筝，牛皮风筝上还载着一个擅长吹笛子的人，而这个人吹奏的正是楚曲。当悠扬的曲声回响在天空中，地面的楚军一下子就想起了自己的故土，没多久便军心涣散了。

史料上的这两种说法都有点夸张，可信度不高，谁还能骑着风筝在天上飞？南北朝时期发生的一个有关风筝的故事，听起来倒是很靠谱。南朝梁将领侯景发动的叛乱，史称“侯景之乱”，又称“太清之乱”。侯景本是东魏叛将，被梁武帝萧衍收留，但他对梁朝与东魏通好这件事心怀不满，于是就以清君侧的名义起兵造反，后包围了京都建康（今江苏南京）。梁武帝与百官被困在台城内，与援军无法联系。

这时候，“有羊车儿献策作纸鸢”，献策的人称将求援的信息写在风筝上，并且在风筝上表示捡到风筝并将风筝送给援军的人可以得到一百两银子的重酬。在求助风筝写好后，梁太子萧纲亲自带人借着西北风将风筝放飞出去。只可惜，风筝刚飞上天，就被侯景的叛军射了下来，梁武帝被活活饿死。

从“有羊车儿献策作纸鸢”这个历史事件来看，与现代人理解一致的风筝大约诞生在魏晋时期，南朝梁武帝用风筝来寻求军事救援。

放风筝是为了“放晦气”

到了唐宋时期，风筝几乎不再被用于军事，放风筝成为人们的娱乐项目，风筝的制作工艺也得到了改良。唐朝盛产丝绸，于是有些用于宫廷宴饮助兴的风筝甚至是用丝绢做的。唐玄宗就是风筝的“迷弟”，他曾经在开元五年（717 年）去山东蓬莱观看风筝表演“八仙过海”。宋代最爱玩的文艺皇帝宋徽宗居然还给风筝编了一本书，即《宣和风筝谱》。

当放风筝作为娱乐项目在唐宋年间盛行后，明代人有点坐不住了。据载，在明初，古人制作出了“神火飞鸦”。这种“神火飞鸦”是在风筝上安装火药，而盘香是火药的计时器，当盘香燃尽，火药立刻就会爆炸，如此一来就可以杀敌方一个措手不及。也是明初，洪武年间，有一个叫王古的人，他的脑洞也非常之大，他想发明一种可以飞射上天的火箭。据赫伯特·瑟姆在书中描述，王古在一把椅子上安装了四十七支火箭。在准备发射的时候，人要坐在椅子上，左右手各拿一只超大的风筝。王古原本想，当火箭把他和椅子同时发射到天上后，他再利用风筝继续往前飞，最后平安着陆。很遗憾，王古的设想没有成功，但他的科学研究精神至今都值得我们学习。

风筝真正飞入寻常百姓家，还是明清时期，尤其是诗人高鼎生活的清代，就连村庄里的儿童都能随意玩起风筝来。在放风筝的时候，人们往往要先跑起来，放飞风筝的同时要不断地拉住风筝线，于是放

高分句子铺

没有志向的青年，就像断线的风筝，只会在空中东摇西晃，最后必然丧失前程。——法国作家、音乐学家罗曼·罗兰

只凭风力健，不假羽毛丰。红线凌空去，青云有路通。——清代画家吴友如《题画诗》

中国是风筝的故乡，风筝在我国已有 2500 多年的历史

风筝也就成为一个运动项目，可以用来强身健体。当然，古人不会这么轻易地“放过”风筝。为了让放风筝更加有意义，他们会在风筝上写上自己的名字，放上天，玩得差不多的时候，就故意剪断线，让风筝飞走，古人认为这样就可以放走“晦气”。与之相对应的，那便是再漂亮的风筝也不能拾起来重新放飞，不然的话就会染上“晦气”。久而久之，放风筝还在民间形成了一种风俗，叫“放断鹞”。

《风筝误》，讲的是什么故事

正因为风筝在民间普及了，于是它又频频出现在文学作品里，比如《红楼梦》第七十回中，林黛玉与大观园的其他人一起放风筝，最后也是将风筝线剪断。又如清代文学家李渔创作的戏剧《风筝误》：胸无点墨的戚友先拿大才子韩琦仲题了诗的风筝去放，结果风筝被詹烈侯家美貌的二小姐詹淑娟拾得，并和诗一首于风筝上。后来，风筝就被戚友先的书童索回去了。韩琦仲见到所和之诗，对詹淑娟萌生了爱意，于是又在风筝上作了一首求婚诗，再按照戚友先的方法去放风筝。结果，这只风筝没有按韩琦仲想的那样坠入西院，而是坠入了东院，被貌丑的大小姐詹爱娟拾到了。詹爱娟看上了韩琦仲的才华，冒詹淑娟名与他秘密约会。谁知道貌丑的詹爱娟把韩琦仲吓得不轻。再后来，韩琦仲中了状元，上司詹烈侯要将女儿詹淑娟许配给他，韩琦仲想到上次受到的惊吓，就想拒绝，可他又害怕获罪，只好屈从。待到新婚之夜，韩琦仲才发现是误会一场，原来最早拾得风筝的就是詹淑娟，与自己见面的是詹爱娟。整部戏剧以风筝作为线索，风筝也是姻缘的线索，可见在清代，风筝已经是很常见的生活娱乐用品了。

历史上有关风筝的故事或文学作品还有很多，而风筝起源于中国也是世界上公认的。在美国航天博物馆和日本的风筝博物馆里，都珍藏着中国风筝。英国学者李约瑟在《中国科学技术史》中，还把风筝列入中华民族向欧洲传播的重大发明之一。

提分素材馆

曹雪芹与风筝的故事

说起曹雪芹，我们都会想到《红楼梦》，但或许你不知道，曹雪芹居然还会做风筝，是个不折不扣的“风筝专家”。

曹雪芹有一个朋友叫于景廉。某一年的腊月，于景廉实在是揭不开锅了，他想起了曹雪芹，这个昔日的富贵公子哥儿。没想到那个时候的曹雪芹也面临着“经济危机”，根本没有钱接济他，只好将他留宿一晚。晚上两人开始侃大山，聊着聊着，于景廉说京城里有一个富家公子，他特别喜欢买风筝，出手还特别阔绰，一掷数十金。曹雪芹心想：“我没钱接济你，但是做风筝，我会啊！”于是曹雪芹用家里的竹子和纸给于景廉扎了几只风筝，让他拿去卖，看看这样能不能度过年关。没想到除夕那天，于景廉冒着大雪又来到了曹雪芹的家，这一次他骑着小毛驴，驴背上挂满了鸭肉、美酒以及各种鲜蔬。他看着曹雪芹，喜极而泣：“我从没想到三五个风筝，竟然得到了这么多酬劳，这是你帮我扎的风筝，所以我要跟你共享，我们两家可以过个肥年啦！”

曹雪芹因为小时候生活在南方，后来去了北京，所以对南方与北方的风筝都很熟悉。既然能帮到一个朋友，那不如将有关风筝的资料以及前辈制作风筝的经验搜集起来，写成一本书，这样就可以帮到更多的人。经过两三年的努力，曹雪芹终于完成了《南鹞北鸢考工志》这本书，其中详细介绍了 40 多种风筝的扎、糊、绘、放等“四艺”，具有极高的文化价值和科学价值，可惜该书已失佚。而曹雪芹与于景廉的这段故事，被他写在了这本书的自序里。

烟花：古人放烟花，放出了“电影”，放出了“电视剧”

青玉案·元夕

宋·辛弃疾

东风夜放花千树。更吹落、星如雨。宝马雕车香满路。凤箫声动，玉壶光转，一夜鱼龙舞。　蛾儿雪柳黄金缕。笑语盈盈暗香去。众里寻他千百度，蓦然回首，那人却在，灯火阑珊处。

真题面对面

【2022年辽宁沈阳中考题】

以“燃”为话题写一篇作文。

考点直通车

词人辛弃疾所生活的南宋朝很是尴尬：一面是强敌压境，国势日衰；一面是统治阶级麻木不仁，不思恢复国家统一，而是沉湎于歌舞享乐，并以此来粉饰太平。在元宵节这样的重大节日里，举国上下自然是要大肆庆贺一番。词的开篇就描写了宋代元宵节的灯市，像是被春风吹开了千树银花，又像是漫天的繁星雨点在纷纷落下。灯火辉煌、人海狂欢，辛弃疾却感到有些茫然，他四处张望，想找寻心里的那个人，猛然回头，却发现那个人在灯火的零落处。

“众里寻他千百度”，辛弃疾究竟在找谁，我们无从得知。后人给出了很多解读：一说认为辛弃疾在寻找与他思想和政治观念都志同道合的人；另一说称辛弃疾的这首词实际上在讲人生，讲人生的真谛从来都不在灯火辉煌、光芒万丈之时，而是要在灯火渐暗的冷巷，才能想清楚自己到底要的是什么。

无论哪种解读，辛弃疾的这首词都不可能在古代成千上万首元宵节诗词中被淹没，他描写的元宵节场景至今还会被现代人拿来引用。有时现代人也不禁好奇地问：“宋代人就已经开始玩烟花了吗？”

万物知识点

古人的烟花，超出你的想象

每当古装剧里出现放烟花的场景，弹幕里就会出现这样一句话：“中国人发明了火药，却没有用它来作为军事武器，而是用来放烟花了。”事实上，这句话有失公允。自唐哀宗时期就有火药的相关记载，但这些史料文献记载的都是关于火药的军事用途，并未提及用火药来制作烟花。

有人认为隋炀帝的诗句“灯树千光照，花焰七枝开”，以及唐代诗人苏味道的“火树银花合，星桥铁索开”就是在描写烟花。或许这有一点点可能性，但彼时的烟花工艺水平还没有达到这种程度。

花炮始祖李畋（tián）最初是发现了爆竹顶部有喷火现象，受到启发后，才研制出了“喷花”。最早的“喷花”用了“硝磺爆竹”的原理，将火药和金属屑的混合物筑在竹筒里，再用泥头封住底端的竹筒口，而上端的竹筒口仅用薄薄的纸贴住，这样点火后，竹筒就不会爆裂，而是喷出彩色的火花。这便是最初的竹筒烟花。不过这一时期的烟花最多只有两种颜色，燃放的效果并没有诗人描述的那么惊艳。

到了宋代，史料文献中才大量出现古人用火药制作大型烟花的相关记载。烟花这么短暂而又绝美的事物，最早被古人称为“烟火”“焰火”“花火”等。宋代人玩起烟花来，真的是花样百出。据《西湖游览志余》卷三记载，宋孝宗淳熙十二年（1185 年）的元宵节，他曾到宣德门观看烟花。宋代人放烟花不像我们一个一个燃放，而是将各式各样的烟花爆竹绑在一个大木架上，再将它们的引线串联在一起，只要点燃器着一根，瞬间夜空就会上演一场烟花盛会。

据说宋朝宫中一次燃放的烟花就有百余架，这个场景想想就非常震撼。到了南宋时期，烟花就更加普遍了。《梦粱录》卷六中记载：“其各坊巷叫卖苍术、小枣不绝，又有市爆仗、成架烟火之类。”这个时候的烟花早已不再是宫廷里的奢侈品，而是走入了寻常百姓家。

《明宪宗元宵行乐图》中，一名太监从木箱里往外取爆竹，准备分发给大家

失败的“地老鼠”宫廷烟花秀

说起放烟花，宋代还发生了一个又搞笑又惊险的事件。南宋文学家周密在《武林旧事》和《齐东野语》中都写到过。《齐东野语·御宴烟火》载：“穆陵初年，尝于上元日清燕殿排当，恭请恭圣太后。既而烧烟火于庭，有所谓地老鼠者，径至大母圣座下，大母为之惊惶，拂衣径起，意颇疑怒，为之罢宴。”据说南宋宝庆元年（1225

年），宋理宗在清燕殿安排了一场宴会，原本是母慈子孝，结果在放烟花助兴的时候，忽然有一种叫“地老鼠”的烟火在被点燃后，居然钻到了杨太后的座椅下面。太后被吓得花容失色，直接尖叫起来。杨太后在惊恐之余又感到愤怒，这顿饭不吃了，直接回宫休息。

后来，宋理宗查问此事，发现只是一个安全事故，但还在垂帘听政的杨太后并不这样认为，史载她“意颇疑怒”，怀疑是皇帝在警示她赶紧撤帘。本就不想再垂帘听政的太后就顺水推舟，她没有处罚内侍，而是选择了“大事化了”，她说道：“难道他特地来惊我？想来也是不小心，赦免了他吧。”此言一出，这件事就算过去了。那个吓着太后的“地老鼠”实际上是可以在地面上旋转的小鞭炮，类似于我们现代人小时候玩的“窜天猴”或“小蜜蜂”。

在宫廷宴会上发生了这样的安全事故，你以为烟花就会被禁止吗？不，发生任何事，也拦不住古人放烟花，烟花在历史上迎来了一次又一次的盛况。

古代烟火戏里的经典人物——药发傀儡

烟花再美，看多了也会腻，但若是看戏就不一样了，毕竟有剧情。让夜空中的烟花演戏这个脑洞来源于宋代人。

起初，宋代人是演烟火戏。当时有个话本叫《灯花婆婆》，其中记载：“吹得那灯花左旋右转，如一粒火珠相似。养娘笑道：‘夫人，好耍子，灯花儿活了！’话犹未了，只见那灯花三四旋，旋得象碗儿般大一个火球，滚下地来，咶的一响，如爆竹之声。那灯花爆开，散作火星满地，登时不见了。只见三尺来一个老婆婆。”

这个“老婆婆”不是现场的特技演员，她只是一个纸人。古人在烟火花炮中隐藏了一个折叠着的纸人，当火药引线燃烧后，花炮被点燃，隐藏在其中的纸人瞬间也会被射向空中。火药爆炸与燃烧的时候，会产生热能，于是纸人就会旋转起来。而这个三尺长的“老婆婆”也成为古代烟火戏里的经典人物，古人称其为“药发傀儡”。

除了三尺长的“老婆婆”外，宋代人还喜欢用一些妖魔鬼怪的形象来制作烟花，有时还会进行烟花的大型表演，将“抱锣”“硬鬼”“舞判”“七圣刀”等形象全制成烟花，瞬间就在夜空上演一场鬼神传奇剧。渐渐地，古人不再满足于单一的人物烟火戏，毕竟在烟花中忽然迸射出一个“人”来这样的戏码看多了，也就不稀奇了，也不会产生震惊的效果了，古人开始追求让烟火戏变得有剧情。

高分句子铺

电影迎前霹雳惊，瑶光缀后天花落。——南朝齐文学家刘绘《元夕同杂宾里中观放烟火》

东风夜放花千树，更吹落、星如雨。——南宋词人辛弃疾《青玉案·元夕》

烟火戏常备节目有“十面埋伏”

经过宋代人的不断研发，烟火戏在明代火了起来。此时的烟火戏早已不再是单个人物形象的呈现，而是走向了剧场化。在烟火戏刚兴起的时候，古人喜欢用原有的故事进行再创作。至明代，烟火戏常备节目有“刘关张三顾诸葛亮”“八仙捧寿”“十面埋伏”……到了清代，当初让前人感到震惊的，如“口里喷出火来”“鼻子里浓烟迸出”“闸闸眼”“火焰齐生”这些技术活早就不在话下了！若是清代人想看个烟火戏，他们的剧本已经升级为“日月合璧”“麒麟送子”“八仙过海”“东方朔偷桃”“张生戏莺莺”“吕布戏貂蝉”……就问你一句：服不服古人！

那么这个烟火戏究竟是怎么演出来的呢？清代小说《品花宝鉴》第九回里有一段关于富贵人家燃放烟火戏的描写：“随有千百爆炸声齐响，已挂出无数的烟火：一边是九连灯，一边是万年欢；一边是炮打襄阳城，一边是火烧红莲寺；一边是阿房一炬，一边是赤壁烧兵。”这种有剧情的烟火戏，其实是通过一根长长的引线将各个场景串联起来，就像是剧场里的导演同时在安排几个场景的机位，控制着每一幕的出场顺序与节奏。

提分素材馆

古人也会在夜市买会发光的头饰

每当有重大节日，现代人大多会去城市的中心感受一下节日气氛，比如南京的夫子庙、上海的城隍庙等，往往这些地方都会有夜市。在夜市里，到处都是来过节的人。从前些年开始，在夜市里做生意的小商贩们会在节日里卖一种带灯的发卡，有的是一朵花，有的是一株草，有的是一只小动物……我们在感到可爱与好奇的同时，有没有想过其实古人也会戴?

陈元靓《岁时广记》卷十一中引《岁时杂记》：“都城仕女有戴灯毬、灯笼，大如枣栗，加珠茸之类。”古代手艺人特别有创意，他们把灯笼灯球做成装饰品，大小如枣子或栗子，再加上珠子、茸毛这些装饰，看起来精致可爱。在辛弃疾的一首词作中，他提到了“蛾儿雪柳黄金缕，笑语盈盈暗香去”，其中“蛾儿”就是这种戴在头上的小灯。这种小灯特别招古代年轻女孩的喜爱，她们将这些小灯戴在头上四处游玩，显得娇俏可爱。对此，《武林旧事·元夕》中也有记载：“元夕节物，妇人皆戴……灯毬……盖月下所宜也。”

古人制作这么精致小巧的头饰简单，但要将这些头饰做成小灯笼，并且在里面点上烛火，还要保证安全，这个难度系数可就太高了！由此可见，古代人制作灯笼的技艺多么高超。

扇子：古人没有一把扇子，都不好意思说自己是“文人”

念奴娇 · 赤壁怀古

宋 · 苏轼

大江东去，浪淘尽，千古风流人物。故垒西边，人道是，三国周郎赤壁。乱石穿空，惊涛拍岸，卷起千堆雪。江山如画，一时多少豪杰。　　遥想公瑾当年，小乔初嫁了，雄姿英发。羽扇纶巾，谈笑间，樯橹灰飞烟灭。故国神游，多情应笑我，早生华发。人生如梦，一尊还酹江月。

真题面对面

【浙江绍兴2021-2022学年高三语文试卷题】

入世从政和出世隐退是中国文人面临的人生课题，苏轼的《念奴娇·赤壁怀古》和《临江仙·夜归临皋》两首词都体现了其入世与出世的矛盾，请结合诗句分析。

考点直通车

苏轼曾因“乌台诗案”被贬黄州，这首词写于宋神宗元丰五年（1082 年）七月，彼时的苏轼已经在黄州谪居两年。为了疏解内心的抑郁与痛苦，苏轼经常四处游山玩水，将那些郁郁不得志的心绪抛进山水美景中。这天苏轼来到了黄州城外的赤壁矶（赤鼻矶），赤壁矶风景壮丽雄伟，一时间让他想起了三国时期周瑜雄姿英发的模样。想想自己如今已经四十五岁了，年轻时的自己也是意气风发，一腔热血想要报效祖国，如今却被困在了这黄州，才华无处施展，而时光却在渐渐流逝……

周瑜是三国时期的风云人物，名瑜，字公瑾，聪慧过人，最关键的是长得还特别帅，身材高大，容貌俊美。平日里，周瑜最喜欢的打扮是头上戴着纶巾，手里拿着羽扇，当他潇洒从容地跟身边人谈笑风生之时，八十万曹军如灰飞烟灭一般。说起周瑜的这把羽扇，似乎在三国时期极为流行，我们熟悉的诸葛亮也有一把羽扇。那么他们拿羽扇究竟是为了什么？现在常见的日用品扇子在历史中又承载着什么故事？

万物知识点

“羽扇最古”，这个说法对吗

羽扇，顾名思义，就是用羽毛做的扇子。从古至今，很多人都认为羽扇是中国最早的扇子。明朝末年画家文震亨在《长物志》卷七里直接说“羽扇最古”。甚至有一种说法：“无论是‘便面’，还是‘扇’或‘箑（shà）’，最早都是用羽毛制成的，所以又通称为‘羽扇’。”这个观点其实不够严谨，因为在古代扇子还有一个别称，叫“箑”。从“箑”字的结构就可以看出，古代最早的扇子除了用羽毛做的外，还有用竹子做的。这两种材质的扇子应该是在同一时期出现，只是它们出现的地理位置不一样。

在古代，我国中部地区的气温比现在要高，所以盛产竹子，古人就用这些随处可见的竹子编制一些器物。又因为气温高，扇子渐渐在百姓的生活中出现了。最早的竹扇，看起来像个“户”字，其实它的造型跟现代的菜刀更像，扇柄偏在一侧，而扇面在扇柄上，仿若开了半扇门，于是古人又将其称为“偏扇”“单门扇”。

羽扇诞生在江南地区。春秋战国时期，中原人可不会说什么杏花春雨江南，相反他们对江南充满鄙夷，称之为“蛮荒之地”。江南的江河湖泊极多，野禽密布，于是古人就用禽鸟的羽毛来制作羽扇。

一开始古人用羽扇还被嘲笑

羽扇看起来飘逸灵动，周瑜也好，诸葛亮也罢，他们拿着羽扇的样子可谓雄姿英发！可是你知道吗？最早用羽扇的人却是被嘲笑鄙夷的对象。晋代陆机的《羽扇赋》中讲述了这样一个故事：楚襄王与各路诸侯在章台开了一个见面会，楚大夫宋玉手里拿着一把用白鹤羽毛

在人们的印象中，“羽扇纶巾”是诸葛亮的固有标签

制作的扇子，结果却被手里拿着尘尾的各国大夫们耻笑。当宋玉看到“诸侯掩麈（zhǔ）尾而笑，襄王不悦”时，就展开了一场对羽扇的辩护与宣讲，称羽扇“其执手也安，其应物也诚，其招风也利，其播气也平”，总之羽扇是扇子中的妙物。最后，各路诸侯被宋玉说得快晕了，于是纷纷带上楚国的羽扇回到了自己的国家。

宋玉出身于贵族，他用的鹤毛扇子是羽扇中的顶配，而古代江南地区的老百姓用的羽扇大多是用鹅毛或是雁翎制作而成的。渐渐地，随着羽扇的发展，民间羽扇又使用了雉尾、雕翎、鹰翎、孔雀翎等羽毛。那么羽扇是什么时候来到北方的呢？据史料记载，大概是在西晋统一之后。西晋傅咸和稽含的《羽扇赋序》中，描述江南地区的人都喜欢拿着用鸟羽制作的扇子摇风，但这种扇子在中原地区没有生意市场。吴国灭亡以后，羽扇居然开始变得昂贵，毕竟这种羽扇既可以遮阳，也可以带走暑气。

在羽扇与竹扇出现后，古人又对扇子的材质进行了多元化的尝试，如“轻罗小扇扑流萤”中的“小扇”，就是指纨扇，又称“团扇”，这种扇子是用一种薄薄的丝绸制作而成，备受闺阁女子的喜爱。此外，还有外形美观、价格低廉的芭蕉扇。不过有一点要说明，芭蕉扇可不是芭蕉叶做的哦！它的原材料是蒲葵叶，只不过蒲葵叶与芭蕉叶长得实在是太像了。

关于蒲葵扇，还有一个故事。据《晋书·谢安列传》载，东晋名相谢安长得非常英俊，粉丝也是一大堆。有个老乡在返乡前去拜访他，谢安就问这位老乡：“你回家的钱够吗？”老乡说：“有蒲葵扇五万。”谢安为了让自己的老乡在路上钱富余些，于是就为蒲葵扇代言，他走在路上，没事就摇摇手中的蒲葵扇。这一下，整个京师都沸腾了，大家都去买蒲葵扇，扇子的价格也一翻再翻，于是谢安这位老乡的路费也搞定了。

折扇，最初由日本传入中国

羽扇、团扇、芭蕉扇，不管它们再怎么漂亮，都有一个问题，那就是扇面不可以折叠。当古人有点事情，需要腾出双手的时候，他们手里的扇子虽然可以插在腰间，或放入袖中，但多少有点不方便，于是折扇“横空出世”。折扇在历史上的别称实在是太多了，如折叠扇、掉子扇、旋风扇、聚骨扇、聚头扇、聚扇、撒扇……折扇在中国的扇文化中有着重要的地位，但人们在讨论它的起源时，说法众多。到目前为止，一般认为折扇是北宋初年从日本、高丽传入的，而高丽的折扇很有可能来自日本。

据《宋史·日本列传》记载，中国见到折扇的最早记录是北宋端拱元年（988 年），日本僧人奝（diāo）然派遣弟子喜因、祚乾等人向宋太宗进奉的礼单中，就有“金银莳绘扇筥（jǔ）一合，纳桧扇二十枚、蝙蝠扇二枚”。其中“蝙蝠扇”就是早期的折扇，由此可以断定日本折扇在北宋初期就已经传入中国。

虽然折扇是从日本传入中国的，在宋代兴起，但折扇迎来鼎盛时期，被注入了新鲜血液，得到新生，必须感谢中国古代文人。折扇最引人注意的莫过于扇面的书画。

扇面画在明代迎来了鼎盛时期

早在三国时期，人们就会在扇面上书画。据唐代张彦远的《历代名画记》卷四中记载，汉桓帝送了曹操一把“九华扇”，曹操就请才华横溢的主簿杨修给他画扇，结果一不小心，杨修留了一个墨点在扇面上。当时杨修吓个半死，还好脑袋瓜子聪明，将墨点改为了欲飞的苍蝇，这才化险为夷。东晋时期，王羲之为了帮助卖扇子的老婆婆，在老婆婆的每一把六角扇上都写了五个字。一开始老婆婆很生气：“没事在我扇子上写字干嘛！”王羲之对老婆婆说：“你就跟人家说这些字是王右军写的，就可以卖得一百钱！”老婆婆照此一说后，结果扇子被一抢而空，赚了一大笔钱。

折扇虽然在宋代兴起，但宋代文人更多的是在团扇上书画，常常将一山一水、一草一木呈现在团扇上，颇有意境。宋徽宗更是在国家画院中积极开展扇面绘画教学。不过对折扇的扇面画，宋代文人倒是没有太多的作品。直到明代，折扇的扇面画才迎来鼎盛时期。据史料记载，永乐年间，朝鲜进贡的折扇受到了皇帝的赏识，于是皇帝就命

高分句子铺

人生若只如初见，何事秋风悲画扇。——清代词人纳兰性德

文人之笔，劝善惩恶也。——东汉哲学家王充《论衡·佚文》

人们在被命运眷宠的时候，勇、怯、强、弱、智、愚、贤、不肖，都看不出什么分别来：可是一旦为幸运所抛弃，开始涉历惊涛骇浪的时候，就好像有一把有力的大扇子，把他们扇开了，柔弱无用的都被扇去，有毅力、有操守的却会卓立不动。——英国剧作家、诗人莎士比亚

内廷工匠仿制研发，渐渐地，折扇便“自内传出，遂遍天下”。这一时期的折扇扇面画还不是特别成熟，毕竟艺术需要时间的沉淀。

直到明代中后期，在折扇的扇面上作画已蔚然成风，我们所熟悉的“明四家”——沈周、文徵明、唐寅、仇英创作了大量的折扇扇面画。其中文徵明的作品在清代就已出版，即《文徵明书画扇册》。还有明代著名画家董其昌等人，对扇面画的发展亦有重大贡献。明代的折扇扇面画风靡到什么程度呢？居然有人开始卖假货，还说是明代开国时期的名家画的，懂行的人一听就要笑掉大牙。不过自明代中晚期起，扇面画在文人中大盛，如“松江画派”“金陵八家”“清六家”“四僧”“扬州八怪”等，他们都创作出了风格独特的作品。

至此，折扇已被时人本土化。自宋代折扇从日本传入中国后，工匠们不仅学习了折扇的制作方法后，还对其进行了改良，如将扇骨改为了湘妃竹、棕竹，扇面选用了我国特有的宣纸，并且在扇柄上刻上诗词字画，还在扇柄下方缀上了玉器、流苏。明代中晚期后，折扇早已焕然一新，具有明显的中国特色，当时已经大量出口到日本，并且逐渐传入欧洲。难怪现代人听说折扇最早由日本传入我国会大吃一惊，毕竟在古代文人与工匠的精心创作下，它早已脱胎换骨！

提分素材馆

扇子的点睛之笔：扇坠

明代的文人们对扇子十分有想法，于是在选取材质与外形设计上，特别考究。扇子的组成并不复杂，但他们偏偏将扇子“玩出了花”。关于扇子的周边设计，明代文人的创造力简直令人叹服。

扇子最明显的周边莫过于扇坠。扇坠通常作为装饰被系在扇柄的尾部，从宋代开始就非常流行。明代文震亨的《长物志》卷七中提到了扇坠的用料，从中可知古人居然用汉白玉、琥珀、水晶、伽楠、象牙等许多高级材料制作扇坠。这些扇坠经常被雕饰成祥瑞之物，比如双鱼、蝴蝶、葫芦、婴戏等。当然也有平价版的扇坠，通常是用普通的竹子或木为原材料。经过工匠的打磨，普通的材质也能拥有极润的手感。还有一些扇坠以流苏、香囊代替，看起来别有生趣。在明代还流行一种香扇，工匠们在扇柄上镂刻出诗词字画，有的还特意将扇柄镂空，并在里面填上异香。当人们摇起扇子的时候，简直就是一个行走的香氛机！

此外，扇子的周边还有专门装扇子的扇匣、扇囊，它们往往根据扇面画的绘画风格来设计，这样既能收纳折扇，又能与扇面相呼应，赏心悦目。

屏风：白居易自称“素屏居士”，苏轼最爱送朋友砚屏

嫦　娥

唐 · 李商隐

云母屏风烛影深，长河渐落晓星沉。
嫦娥应悔偷灵药，碧海青天夜夜心。

真题面对面

【2011年江西抚州中考题】

“云母屏风烛影深，长河渐落晓星沉”描写的是一天之中的____时段。

考点直通车

“嫦娥奔月”是上古时期的神话传说，嫦娥被逄蒙所逼，无奈之下，吃了西王母赐给她丈夫后羿的一粒仙药后，飞到了月宫，从此在月宫中过着孤寂的日子。这个故事充满传奇色彩，嫦娥长得极美，月

宫又是古人想象出来的宫殿，于是“嫦娥奔月”这个题材在诗人的笔下化为了无尽的想象。唐代诗人李商隐的这首《嫦娥》营造了一种清冷孤寂的气氛，抒发了诗人怀思孤独的情绪。

整首诗读来十分感伤，却不知道诗人如此感伤究竟是为何，于是后人便对这首《嫦娥》进行了多种解读。有人认为李商隐在抒写意中人的私奔，也有人认为李商隐是在抒发自己的人生正处于困境的孤独，还有人认为李商隐是在写道观中的女道士修行时的孤独……无论是哪种解读，我们都能从诗句中读出无尽的孤独与寂寞，这得益于诗人擅长使用意象，比如云母屏风与烛影，渐落银河与晓星，碧海青天与一夜又一夜的心思……银河与晓星距离我们很远，但屏风与烛影是古人最为常见的夜间场景，烛影摇曳在屏风上，于是沉寂的屏风被赋予了感情。不仅是诗人李商隐，古代很多文人对屏风进行过描写，屏风承载着他们无尽的情思。

万物知识点

除了隔断与挡风外，屏风还可以用来“炫富”

诗中的“云母屏风”听起来就仙气飘飘，但其实它跟仙界压根儿就没关系。云母是一种有着透明质感的石头，可以磨成很薄很薄的片状，但就算磨到一碰即碎的地步，也只能呈半透明状。古人把这种磨得很薄的云母片镶嵌在屏风上，就会形成一种影影绰绰的朦胧之美。

云母屏风一般只有一本书的大小，所以通常被放在桌上作为装饰品，这种屏风又被称为“镜屏”。

当然，屏风的种类与功能不止这一个。在古代，屏风可是功能十分强大的家居用品。汉代刘熙《释名·释床帐》载：“屏风，言可以屏障风也。”其意思是屏风有挡风、遮蔽、隔间的功用。这是因为古代的房子大多十分轩朗，没有什么隔断，于是屏风在整间屋子中就起到了隔断的作用，又因为屏风搬移方便，所以古人可以随心所欲地安排空间结构，随时都可以调整。

屏风，古代高门必备

屏风还有另一个强大的功能，那就是挡风。古人建造房子，没有钢筋水泥，所以古代建筑不像现代建筑那样密不透风，而屏风正好可以填补这个缺憾，于是古人就常将屏风放在床后或者床的两侧。除了实用性外，古人还讲究生活场景的意境美感，所以他们设计出来的屏风多种多样，材质也根据房间的功能与室内的采光需求来选择。如此一来，屏风就营造出了一种似隔非隔、似断非断、含而不露的家居美感。

除了隔断与挡风这两个强大的基础功能外，屏风还可以用来“炫富”。古代的高门显贵之家都会在穿堂里放可装卸的大插屏，一来不会让家中一览无余，二来可以展示家世。除了“炫富”外，古代的闺阁女子还可以隔着屏风了解到外面的世界。在封建社会，尤其是宋代以后，女子是不宜见外男的，但成日在家中待着实在无聊。当家里来了客人时，古代的女子们就可以隔着屏风隐约看到宾客的模样，还能听到他们与家人正在谈什么。北宋大诗人苏东坡的《亡妻王氏墓志铭》中记载，当年王弗就会躲在屏风后面听苏东坡与客人们谈话。

从屏风的种类与功能来看，屏风几乎在古人的生活中随处可见，如厅堂屏风、枕屏、砚屏、画屏等。也正因为古人对屏风的需求多，屏风的材质也是千奇百怪，如屏风的架子就有竹、木、玉、漆器、金、银等，而屏风的面更是花样百出，如木雕、石材、刺绣、泥金、玻璃、琉璃、云母、竹藤、嵌珐琅……至于屏风上的内容，古人这么有才，还能少得了在屏风上题诗作画吗！

白居易自称“素屏居士”，曾是屏风上的红人

不过，说起与屏风有故事的古人，不得不提唐代诗人白居易。白居易对屏风尤为喜爱，据统计，《全唐诗》中白居易提到屏风的诗就有三十八首。他曾在《素屏谣》中写道：“素屏素屏，胡为乎不文不饰，不丹不青？当世岂无李阳冰之篆字、张旭之笔迹、边鸾之花鸟、张璪之松石？吾不令加一点一画于其上，欲尔保真而全白……夜如明月入我室，晓如白云围我床。我心久养浩然气，亦欲与尔表里相辉光。尔不见当今甲第与王宫，织成步障银屏风……贵豪待此方悦目，晏然寝卧乎其中。”

由此得知，白居易家有一种素屏风。相比于其他精工巧制，有着各种图案花纹的屏风，素屏风显得格外雅致。白居易将它视为心爱之物。其实，这也是白居易内心的写照，他希望自己可以像素屏风那样高洁独立、不随世俗。

唐朝还有一位诗人叫元稹，他跟白居易是“心灵之友”，是可以到达彼此灵魂深处的那种知己。白居易将元稹寄给他的诗歌全部抄录在了他最爱的屏风上，以此表达对元稹的想念与赞美。这可是一项大工程，可不是随便抄录几下就能完成的，“凡一百首，题录合为一屏风，举目会心参，若其人在于前矣”，并且白居易还为此写道：“君写我诗盈寺壁，我题君句满屏风。”

大概白居易万万没想到，自己居然会成为屏风的素材，他曾经在

白居易偏爱“不文不饰，不丹不青”的素屏风

《自咏》中吐槽："须白面微红，醺醺半醉中。百年随手过，万事转头空。卧疾瘦居士，行歌狂老翁。仍闻好事者，将我画屏风。"唉，我都一把岁数了，老了老了，居然还有人要把我画在屏风上，这是想干啥！从这首诗里，我们可以看到老年的白居易清瘦而慵懒，他淡泊名利却又在内心想放纵一把。不少人认为这样的白居易真实而又迷人，于是就把他的风貌绘在了屏风之上。谁能想到白居易宦海沉浮一生，到了晚年居然还做了一次"网红"？

当然也不能都怪"好事者"，毕竟白居易的"自曝"有点多，他还在《偶眠》（另一说《醉眠》）中写道："放杯书案上，枕臂火炉前。老爱寻思事，慵多取次眠。妻教卸乌帽，婢与展青毡。便是屏风样，何劳画古贤。"你看，又提屏风了。还有《赠梦得》："心中万事不思量，坐倚屏风卧向阳。渐觉咏诗犹老丑，岂宜凭酒更粗狂。头垂白发我思退，脚蹋青云君欲忙。只有今春相伴在，花前剩醉两三场。"白居易躺在床榻上，身旁是他最珍爱的屏风，此时世事与他无关，他只需要风轻云淡地读着手里的诗书就好。难怪他在诗中自称

高分句子铺

屏风有意障明月，灯火无情照独眠。——南朝陈文学家江总《闺怨篇》

人行明镜中，鸟度屏风里。——唐朝诗人李白《清溪行》

苍然屏风上，此画良有由。——唐朝诗人白居易《题海图屏风》

为“素屏居士”，并且顺带秀了一把恩爱：“素屏应居士，青衣侍孟光。夫妻老相对，各坐一绳床。”

苏轼最爱送朋友砚屏，还要督促对方为此写诗

除了唐代的白居易，北宋的苏轼也是对屏风爱到不行，尤其是砚屏。砚屏，顾名思义，就是古人书桌上的小屏风，放在砚台旁边，用来挡风障尘。苏轼很大方，喜欢屏风，也舍得把自己喜欢的一些屏风送给好朋友们，并且在送出去的那一刻就开始期待对方的诗作。这种心理很像我们送出去了礼物，希望对方能在社交软件上发张照片，表达一下对礼物的喜欢。当然，如果对方没有作诗，苏轼不会在心里偷偷生气，或者跟家人吐槽，而是直接去监督对方作诗。

苏轼的监督方法很搞笑，如苏轼曾将一架月砚屏和一方涵星砚台分别赠予好友范百禄与其侄范祖禹。范百禄很快为此写了一首诗，但范祖禹没写。为了督促范祖禹写诗，苏轼特别舍得下血本，又送出去了一座月石风林砚屏，并且写诗和了范百禄的诗，意思就是希望范祖禹也能写诗参与酬和。苏轼已经这么下血本了，还这么真挚，范祖禹没理由不成就这段佳话嘛！

此外，喜欢屏风的古人还有很多，在一些古代文学作品中我们也常能看到屏风的身影，如《红楼梦》第七十一回中，贾母过生日居然可以收到十几架豪华屏风。到了元宵节写灯谜，大家都写在小屏风上，这番景象想来又热闹又雅致。

提分素材馆

古代帝王座位后面的是屏风吗

看过古装片的人都会发现，在古代帝王的座位后面，总是会有一排看起来庄重威严的屏风，其实它最早并不叫屏风，而是被称为“扆（yǐ）”。想要区分二者很简单，汉代刘熙在《释名·释床帐》中解释：“扆，倚也，在后所依倚也。”又“屏风，言可以屏障风也”。我们现代人的理解就是，扆是放在座位后面的，用于依倚；而屏风是放在座位前面的，用来挡风。

我们所熟悉的历史故事“荆轲刺秦王”，据古小说《燕丹子》记载，当时荆轲的匕首顶在了秦王的胸前。秦王对他说：“今天的事情都听你的，不过有话好好说。在你杀我之前，可不可以给我听一段琴声？”荆轲觉得自己此行有成功的希望，就同意了。后秦王召人鼓琴，荆轲被琴声分神，秦王趁着这个机会，拔出长剑，“奋袖超屏风而走”，最终荆轲的刺杀计划失败了。注意这个细节，秦王是跨过了屏风而走，说明当时屏风已经有了象征帝王威严的作用。这也是屏风第一次出现在历史记录中。

其实早在周朝时，就已经有了扆。据《周礼·天官·掌次》记载，周天子在祭祀时，有时会在背后“设皇邸”。这就是专门为天子所设置的屏风，在重大场合中，天子应该站在屏风之前，向南而立。这种屏风看起来威严无比，给人以君临天下的感觉。此后历朝历代，帝王的宝座后面都有华贵的金漆龙屏。后来由于语言文字的发展，扆也成为屏风的一种，不再单独区分。

香薰：瑞脑是什么脑，金兽又是什么兽

醉花阴·薄雾浓云愁永昼

宋·李清照

薄雾浓云愁永昼，瑞脑销金兽。佳节又重阳，玉枕纱厨，半夜凉初透。　　东篱把酒黄昏后，有暗香盈袖。莫道不销魂，帘卷西风，人比黄花瘦。

真题面对面

【2022年重庆中考B卷题】

中华文化博大精深、源远流长。文化在唐诗宋词的意蕴里，在书法国画的神韵里，在春联灯谜、月饼粽子的民俗里，在善良诚信、谦让友爱的品行里……

请以“＿＿＿＿＿＿里的文化”为题，把题目补充完整后作文。

考点直通车

古时的重阳节特别有气氛，古人会与亲朋好友登高、插茱萸、喝菊花酒等，一大家子团聚在一起，特别热闹。然而在写这首词的时候，李清照却倍感愁闷，就连天气都不甚好，从早到晚阴沉沉的。既如此，李清照只好宅在家里，点燃了香炉里的瑞脑香，顿时烟气袅袅，仿若她的愁绪在四处飘散蔓延。玉枕孤眠多日，也不知远方的丈夫何时能归，尤其是在过节之时，李清照内心的愁苦与思念尤为强烈。或许是为了应景，李清照到了傍晚，强打精神出门喝酒赏菊，但盛开的菊花与杯中的酒并没有让她内心的孤独与思念减少，反倒惹起更多的惆怅来。忽然晚风吹过，李清照的身体与内心都感到了一阵阵寒意，她看着眼前的菊花，花瓣纤长，菊枝瘦细，愁绪又上心头，顿生人不如菊之感。

据说李清照这首词寄给赵明诚后，赵明诚难过得失眠了三天三夜，而我们现代人读来也是倍感凄凉。不过这首词的意境很是雅致，开篇就提到了宋代四雅之一的焚香，只是什么样的香会被称为瑞脑？又是什么样的香炉会被称为金兽？

万物知识点

瑞脑是龙的大脑吗

李清照出身于书香门第，她的父亲李格非是“苏门后四学士”之一，身为名门闺秀的她对焚香这样的雅事自然很是热衷。从李清照的词作来看，她尤其喜爱清致的香，比如这首词开篇提及的“瑞脑”就是她的心头所好。

说起“瑞脑”，我们有点生疏，但它还有一个更广为人知的名字“龙脑”。龙原本是古人想象出来的灵异动物，用它的脑制香，听起来就非常离谱。其实，龙脑与龙八竿子打不着，它是龙脑香树的树干裂缝处溢出的树脂凝结而成的晶体。龙脑香树并不是我国原有品种，而是从苏门答腊岛、婆罗洲、马来西亚这些地方引进而来的。对“龙脑”这么霸气的名字，《本草纲目》卷三十四解释道：“龙脑者，因其状加贵重之称也。”

假如不告诉你龙脑来自龙脑香树，那么接下来的话题会让人感觉更加离谱，因为宋代的龙脑居然还分生熟！宋代陈敬《陈氏香谱》卷一“龙脑香”条云：“今复有生熟之异。称生龙脑即是所载是也，其绝妙者曰梅花龙脑。有经火飞结成块者，谓之熟龙脑，气味差薄，盖益以他物也。”可见，生龙脑是直接取自树干裂缝的树脂，而熟龙脑要经过加热才得。古人很早就知道用加热蒸馏的方法从龙脑香树的木材中提取晶体，他们将这道工序称为“火逼成片”。当龙脑经过加热成为熟龙脑后，它可以用来制作面花、耳环等物。

李清照点的自然是生龙脑，这种天然的龙脑质地纯净，在熏燃之时，香气非常浓郁，并且烟气很小。正因为龙脑拥有如此浓郁的香气，它被列为密宗五香之一，大食、交趾、乌荼等国还曾将龙脑香进贡给大唐。

据史料记载，当时进贡的龙脑，只要将其别在衣襟上，人体就可以成为行走的香炉，香气可以散发到十步开外。天宝年间，交趾国进贡的龙脑还被唐玄宗赏赐给了杨贵妃，可见龙脑在古代有多么珍贵。除了可以制香、制配饰外，龙脑还可以治病。这要从龙脑的另一个别名说起，它就是我们在药物说明书上经常看到的“冰片”。不过，龙脑只是冰片的一种。据《本草纲目》卷三十四记载，用纸卷捻起龙脑，点燃后用来熏鼻子，吐出痰与口水，就可以治疗多种头痛。

“金兽”又是什么兽

至于“金兽”，当然是用来装瑞脑的熏炉。在李清照生活的宋代，拥有“金兽”熏炉可是一件非常时髦的事情。这种“金兽”熏炉通常为封闭式，于是宋人将它称为“出香”。当熏炉里的香料被点燃后，所有的烟雾只能从熏炉盖子上的孔散发出来。

香炉，不可或缺的风雅之物。以出香为目的的熏炉最早出现在汉代，汉武帝刘彻的博山炉为香炉的“鼻祖”

若是平平无奇的熏炉盖子开了个孔，这烟雾散发得也太无聊了吧？毕竟焚香这么雅致的事情，又常与品茗、写诗作画这些事同时进行，古人怎么会不弄出点“幺蛾子”来？为了让烟雾散发的过程看起来有趣，会玩的宋代人就把炉盖设计成“狻猊”“麒麟”等造型。宋代洪刍《香谱》卷下“水浮香”条记载：“香兽以涂金，为狻猊（suānní）、麒麟、凫鸭之状，空中以然香，使烟自口出，以为玩好。

复有雕木埏（shān）土为之者。”作为现代人，“麒麟”这个造型我们很常见，那么“狻猊”是什么？“狻猊”，一说是狮子，另传为龙的九子之一，外形与狮子很像，喜烟好坐。古人将它雕刻在了炉盖的上方，当香料被点燃后，烟雾就从它的嘴巴里散发出来，看起来就是在吞云吐雾。

除了以狮子、麒麟作为“金兽”的造型外，古人还喜欢将炉盖设计为凫鸭的形状。只不过，凫鸭造型的熏炉通常会被女子放置在闺房中使用，它不仅看起来小巧可爱，还有未来婚姻幸福美满的寓意。告诉你一个小秘密，李清照也有一颗少女心，对这些可爱的小物件，她也是没有丝毫抵抗力。她可是在词作中透露过这些，如“玉鸭熏炉闲瑞脑”“斜飞宝鸭衬香腮”……在心情还不错的时候，李清照还会将这种鸭子造型的香炉拿起在脸上蹭蹭，足见她的喜爱之情。

除了李清照，还有人更会玩香

当然还有人比李清照更会玩香。据史料记载，宋代姑苏（今江苏

高分句子铺

分明小像沉香缕，一片伤心欲画难。——清代词人纳兰性德《于中好》

笑容可掬，焚香操琴。——元末明初文学家罗贯中《三国演义》

苏州）城里有一个人焚香的方法很奇特：“有玉蟾蜍一枚，皤（pó）腹中空，每焚香置炉边，烟尽归腹中，久之冉冉，复自蟾口喷出……”这个人觉得只用一个熏炉有点无聊，于是就让人做了一个玉制的蟾蜍，并将这只玉蟾蜍的肚子掏空。每次焚香的时候，他就把这只玉蟾蜍放在香炉的旁边。如此一来，香料被点燃后，所有的烟雾都被玉蟾蜍“吸”入腹中，过了良久，这些烟雾再缓缓地从玉蟾蜍的口中喷出。这幅画面，想想就很有意思。

不过，焚香这件事大多与人的心境有关。从李清照所有与熏香有关的词作来看，瑞脑香是她少女、少妇时期最爱用的香料，因为瑞脑香气浓烈、清雅怡人，散发着雅致的朝气。对生活和婚姻满意的李清照怎么会不爱这种美好！只是到了后来，李清照遭遇了一系列变故，尤其是家国破碎、丈夫病故、受“玉壶颁金”之诬……她变得郁郁寡欢，于是焚烧瑞脑香成了前尘往事，她所焚之香也变为沉香。

对于沉香，《梁书》卷五十四记载：“沉木者，土人斫断之，积以岁年，朽烂而心节独在，置水中则沉，故名曰沉香。”李清照虽为女子，仍不乏“生当作人杰，死亦为鬼雄”的大丈夫之气，而沉香“朽烂而心节独在”的特性正是她后半生的赤诚所求。

提分素材馆

龙脑早已被古人玩出花来

龙脑拥有独特而又浓烈的香气，脑洞大开的古人怎么可能轻易放过它？既然将它作为香料焚烧的时候香气扑鼻，那么把它吃进肚子里应该也不错吧？

是的，没错！古人居然用龙脑或者木香来制作一种“雪花酒”。古人将龙脑香拌匀后，放入瓷瓶内。每当想喝酒的时候，就将龙脑取出来切成薄片，放入酒杯，再用温热的酒浸泡一会儿，最后慢慢品尝。若没有龙脑，他们就会放一些木香，当然两个都有的情况下，古人又会每样放一点，并认为这是最佳喝法。除了放进酒里，古人还把龙脑放到茶里，制成香茶，当时“孩儿香茶”“经进龙麝香茶”卖得特别火爆。

吃进肚子里就算了，古人还把龙脑放到平日使用的墨水里，用来制作香墨：“制墨，香用甘松、藿香、零陵香、白檀、丁香、龙脑、麝香。”据载，宋神宗就特别喜欢用香墨：“熙丰间，张遇供御墨，用油烟入脑麝金箔，谓之龙香剂。”还有一个叫欧阳通的文人，他也特别喜欢用香墨：“每书，其墨必古松之烟，末以麝香方可下笔。”这种在墨水中加入香料的操作真是绝了，想想一边写字，一边闻着墨水散发出来的香气，古人还真是会享受。